Karl Julius Weber
Reise durch Franken

Rathaus zu Bamberg

Karl Julius Weber

Reise durch Franken

Mit Illustrationen aus dem Werk
Das Königreich Bayern

J. F. Steinkopf Verlag Stuttgart

Dieser Band, »Reise durch Franken«, folgt der 1826 ohne Verfasserangabe erschienenen Erstausgabe von Karl Julius Webers Werk: Deutschland oder Briefe eines in Deutschland reisenden Deutschen. Aufgenommen sind aus dem 2. Band der einleitende Brief über Franken allgemein, danach aus dem 1. Band die Briefe 35 und 36 und schließlich die Briefe 2–6 aus dem 2. Band. Die weiteren Briefe über Bayern werden gleichzeitig veröffentlicht in: Karl Julius Weber, Reise durch Bayern, J. F. Steinkopf Verlag, Stuttgart.
Die einleitenden Briefe über Deutschland allgemein (1.–9. Brief) und die Briefe über das Königreich Württemberg (10.–20. Brief im 1. Band) sind enthalten in: Karl Julius Weber, Reise durch das Königreich Württemberg, J. F. Steinkopf Verlag, Stuttgart 1978.
Die Briefe 21–29 im 1. Band, die das Großherzogtum Baden betreffen, sind wiedergegeben in: Karl Julius Weber, Reise durch das Großherzogtum Baden, J. F. Steinkopf Verlag, Stuttgart 1979.
Die Illustrationen sind entnommen aus dem Werk: Das Königreich Bayern in seinen alterthümlichen, geschichtlichen, artistischen und malerischen Schönheiten, enthaltend in einer Reihe von Stahlstichen die interessantesten Gegenden, Städte, Kirchen, Klöster, Burgen, Bäder und sonstige Baudenkmale mit begleitendem Texte, ohne Verfasserangabe erschienen 1843–1854 in München bei Georg Franz. Die Vorlagen wurden freundlicherweise vom Antiquariat Erwin und Rolf Kistner, Nürnberg, zur Verfügung gestellt, ebenso die Vorlagen für die Bilder auf dem Schutzumschlag, Vorderseite: »Das Frauentor zu Nürnberg«, kolorierter Stahlstich, gezeichnet von Ludwig Lange, gestochen von Ernst Rauch; Rückseite: »Würzburg vom Steinberge aus«, kolorierter Stahlstich, gezeichnet von Ludwig Lange, gestochen von Carl Rauch.

CIP-Kurztitelaufnahme der Deutschen Bibliothek

Weber, Karl Julius:
Reise durch Franken: mit Ill. aus d. Werk Das
Königreich Bayern / Karl Julius Weber. – Stuttgart:
Steinkopf, 1980.
   Einheitssacht.: Deutschland oder Briefe eines
in Deutschland reisenden Deutschen.
   Teilausg. d. Orig.-Werks.
   ISBN 3-7984-0519-0

Satz: Bauer & Bökeler Filmsatz KG, Denkendorf.
Druck und Bindung: Mohndruck Graphische Betriebe GmbH, Gütersloh.
Alle Rechte vorbehalten.
© J. F. Steinkopf Verlag GmbH, Stuttgart 1980.

Inhalt

Anmerkung des Verlags:
Die Orthographie wurde dem heutigen Gebrauch angenähert; um aber Ein-
griffe in den Stil des Originals zu vermeiden, wurden Diktion und Interpunk-
tion weitgehend beibehalten.

5

Vorwort

Karl Julius Weber wurde am 16. April 1767 in Langenburg, der einstigen Residenzstadt des Fürstentums Hohenlohe-Langenburg, geboren. Nach der Lateinschule in Langenburg besuchte er das Hohenlohische Landesgymnasium in Öhringen. Seine Vorliebe galt den alten Sprachen, der Geschichte und Geographie. Seine private Lektüre umfaßte antike und zeitgenössische deutsche, englische und insbesondere französische Dichter und aufklärerische Philosophen; daneben las er mit Vorliebe Reisebeschreibungen aller Art, so daß sich damals schon der Keim zu seiner späteren Reiselust bildete.

Nach dem Abschluß des Jurastudiums in Erlangen ging Weber 1789 nach Göttingen und studierte dort weiter mit dem Ziel, einen Lehrstuhl der juristischen Fakultät zu erlangen. Seine Bemühungen blieben jedoch erfolglos, und Kränkung, Zurücksetzung und Überarbeitung brachten ihn einem körperlichen und seelischen Zusammenbruch nahe, so daß er schließlich auf eine akademische Laufbahn verzichtete.

Ein Gönner vermittelte ihm eine Hofmeisterstelle in einem vornehmen Bankierhause in Bougy am Genfer See. Die zwei Jahre, die er in der weltoffenen, heiteren und geistvollen Geselligkeit dieses Hauses und mit zahlreichen Reisen in die europäischen Großstädte verbrachte, erweiterten seinen Gesichtskreis und seine Welt- und Menschenkenntnis und ließen ihn zu jener geistigen Unabhängigkeit und freien Weltbetrachtung finden, die seine späteren Werke kennzeichnet.

1792 kehrte Weber in die Heimat zurück und nahm die Stelle eines Kabinettsekretärs beim Grafen von Erbach-Schönberg, dem Statthalter des Deutschritterordens in Mergentheim an. Er begleitete den kongreßbevollmächtigten Grafen zum Rastatter Kongreß (1797–1799) und auf vielen Reisen. Nach dem Tod des

Grafen und der Auflösung des Ordens wurde er Kanzleidirektor in der Regierung des Grafen Isenburg-Büdingen in Bad König im Odenwald, erlebte aber dort eine so schwere, seine Ehre verletzende Enttäuschung, daß er sich voll Groll und Widerwillen vor der »großen Welt« mit 37 Jahren ins Privatleben zurückzog.

Einmal trat Weber noch in die Öffentlichkeit: Für die Regierungsperiode 1820–1824 ließ er sich zum Abgeordneten des Oberamts Künzelsau im ersten Landtag des Königreichs Württemberg wählen. Dieses Amt entsprach ihm aber nicht, und er kehrte endgültig zu seiner unermüdlichen Arbeit am Schreibtisch zurück, die er nur durch längere Reisen nach Österreich, Frankreich, Italien und durch ganz Deutschland unterbrach. Er lebte in der Familie seiner Schwester, die mit einem freiherrlich-berlingischen Beamten verheiratet war, zuerst in Jagsthausen, dann in Künzelsau und schließlich in Kupferzell, wo er am 20. Juli 1832 starb.

In den letzten 27 Jahren seines Lebens schrieb er eine Reihe umfangreicher, anonym erschienener Werke, von denen der zwölfbändige »Demokrit oder hinterlassene Papiere eines lachenden Philosophen« und die vier Bände »Deutschland oder Briefe eines in Deutschland reisenden Deutschen« bis heute am bekanntesten und berühmtesten geblieben sind.

Mehrere Jahre lang arbeitete Weber an den Reisebriefen nach seinen genau geführten Reisetagebüchern. Kaum eine Gegend Deutschlands – auch Österreichs und Böhmens – ist in diesem Reisebuch vergessen oder vernachlässigt worden. Es ist voll lebendiger, lokal- und geschichtskundiger Anschaulichkeit, scharfer Beobachtung, treffender Darstellung der Landschaften und ihrer Bewohner, geistreich und voll origineller Gedanken. Das Komische, Lächerliche, zu Witz, Spott und Satire Reizende fiel ihm überall als erstes in die Augen. Heiter, freimütig, dreist und mit klarem Blick wird in diesen Reisebriefen betrachtet und über Dinge, Leute und Welt geurteilt, bald großzügig mild, bald beißend scharf, aber immer in einem feuilletonistisch flüssigen, farbigen Erzählstil. Das macht Karl Julius Webers Reisebriefe heute wie zu seiner Zeit zu einer so fesselnden und unterhaltsamen Lektüre.

Er selbst bezeichnete die Briefe als »eine Reise um die deutsche Welt«. Der ausgeprägte Sinn des Humoristen und Satirikers für das Kleine und Nebensächliche und darum besonders Augenfällige zeigt sich in seiner Neigung zu Anekdoten, die er bald liebenswürdig, bald mit kritischem Humor erzählt und die mitunter durch pikante Erotika gewürzt sind. Weber nennt einmal den Humor »die Verschmelzung des Komischen mit dem Ernsten und Rührenden«. In seinen hinterlassenen Papieren zieht er, der lachende Philosoph, das Fazit: »Sagt, was hätten wir armen Schelme vom Leben, wenn wir unsere Torheiten nicht belachen dürften?«

In den einleitenden Reisebriefen schildert Weber seine allgemeinen Eindrücke und seine Zeitgenossen, wie er sie beobachtet hatte: »Haben wir denn einen National-Charakter? Wir sind ja keine Nation und können eigentlich so wenig einen National-Charakter haben als ein Nationalkleid. Wir haben nur Provinzialtrachten, z. B. in den Österreichischen Alpen, in Oberschwaben, in Thüringen etc., die originell genug sind, und so haben wir auch nur Provinzial-Charakter, denn die deutschen Volksstämme sind verschiedener als Spanier und Franzosen, die doch unter einem Hut sind, verschiedener als Italiener, weil wir zahlreicher sind, und fast so verschieden als die Völker unter Rußlands Zepter! ... Der Deutsche ist, wenn wir die vier gebildetsten Völker Europas nach den vier Temperamenten einteilen, das Phlegma, und als solchem kann ich Deutscher in deutscher Bescheidenheit, die das Ausland gehörig erkennen sollte, ihm nur den vierten Rang anweisen. Bei Briten mischen sich überall Whims ein, bei Franzosen Galanterie, beim Italiener Buffonnerie, beim Spanier Andächteleien, beim Deutschen, wo es halbwegs sein kann,

Essen, Trinken und Rauchen, und Rauchen ist eine wahre Stütze des Phlegmas. Das Genie schlägt beim Deutschen mehr in die Wurzel, beim Franzosen in die Blüte, beim Italiener in die Krone und beim Briten in die Frucht. Italiener sind die Einbildungskraft, Franzosen der Witz, Briten der Verstand, Deutsche das Gedächtnis . . . Unsere Nationalcharakterlosigkeit ist begründet in der Verschiedenheit unserer Volksstämme, der Regierungsformen, der Religion, der Sprache und in der wirklichen Mannigfaltigkeit deutscher Sitten und Gebräuche im weiten Vaterland. Dies scheint gerade unserer Aufklärung und Bildung zuträglich zu sein, jeder Volksstamm lebt auf seine Weise, wie die Staaten Griechenlands, und so ist desto mehr inneres Leben, entfernt von der Starrsucht großer Staaten . . . Gerade weil der deutsche Charakter so wenig Eigenes hat, oder höflicher: so biegsam ist, ist er so geschickt zu Weltbürger-Rollen. Deutsche kommen überall fort, in Nordamerika wie in Siebenbürgen, in Rußland wie in Spanien . . .«

Mit Vorliebe zieht Weber Vergleiche zwischen Norddeutschen und Süddeutschen: »Im deutschen Norden ging in den Jahren 1750–60 ein helleres Licht auf, das ihn weit über den Süden hob, aber darum blieb doch der Süden nicht so weit zurück, wie noch heute viele Leutchen an der Spree und Pleisse, Elbe und Leine zu glauben scheinen . . . Lange war man im Süden so gutmütig, sich selbst für geringer zu halten, jetzt aber will sich der Süden sogar über den Norden erheben und ihm alle Genialität und Lebensfülle absprechen. Beide Teile machen sich durch solche Germanismen vor dem Auslande neuerdings lächerlich! . . . Der deutsche Norden beginnt schon, sowie man Nürnberg und Kassel hinter sich hat. Kassel gleicht einer italienischen Stadt, verglichen mit Hamburg. Der Thüringer Wald trennt Nord und Süd. Der Norden ist ein Küstenland, Handel seine Bestimmung, der Süden Binnenland, folglich ist Ackerbau und Gewerbsfleiß geeigneter. Der Sinn des Süddeutschen ist mehr auf das Heimische gerichtet, ein fruchtbarer Boden lohnt ihm die Arbeit, erheitert durch Rebensaft. Den Norden locken die Mündungen der Ströme und seine Häfen in die Fremde, sein Vaterland ist da, wo er findet, was er sucht und was ihm sein Land versagte. Der Süddeutsche muß daher selbständiger sein, denn er hat ein Vaterland zu Hause voll Segen und Schönheit, der Norddeutsche muß es anderwärts suchen, und das macht ihn geschmeidiger, feiner, tätiger, aber auch großsprecherischer, unverläßlicher, abenteuerlicher. Dieser Unterschied ist uralt. Die Norddeutschen vermischten sich mit Briten, Galliern, Italienern und Slawen – Alemannen und Bayern blieben im Vaterlande! . . . Der Norddeutsche ist derber, finsterer, zurückgezogener, weniger gemütlich. Im Norden scheinen mir die Männer schöner, im Süden aber die Weiber. Der Süddeutsche ist weicher und seine Sprache umgekehrt härter. Der Norden dichtete ohne Wein manches herrliche Trinklied, das wir im Süden beim Wein lallend singen . . . Das südliche Klima ist sanfter, daher entschädigt der Wein und der lockere, leichte, fruchtbare Boden für die hohen kahlen Gebirge; im Norden sind es nur die Marschländer. Der Süden ist nicht bloß reicher an Städten, Palästen und Kunstgärten, sondern auch an trefflich gebauten Dörfern aus Steinen und nicht aus Holz und Erde. Selbst die Gewässer machen einen Unterschied: im Süden helle, fließend, rauschend, im Norden schleichend, stockend, trübe. Dort sprudeln die Quellen von selbst aus den Felsen, hier müssen sie erst aus der Erde gegraben werden . . .«

Weber hebt die Fortschritte seiner Zeit hervor und prangert zugleich die Mißstände an: »Die Posteinheit ist eine schöne neuere Erscheinung, der vielleicht demnächst Einheit der Wagenspur nachfolgt, da Könige und Minister sich mehr als je auf der Landstraße befinden – in Feldzügen und auf Friedens-Kongressen. Vielleicht folgt Einheit des Geldes, Maß und Gewichts, Einheit im Handelssystem und zuletzt selbst politische Einheit. Für jetzt aber haben wir noch Karolins, Souverains, Friedrichsd'or,

10

Maxd'or, Karlsd'or, Augustus- und Georgsd'or, Louis, selbst auch Portugaleser, Dukaten, Gulden, Kreuzer, Pfennige und Heller, Taler, gute Groschen, Mariengroschen, Silbergroschen, Batzen, Dreier, Schockgroschen und Gröschel, Mark und Schillinge, Sechser, Timpfe, Dütchen, Kopfstücke, Stüber, Füchse, Fettmännchen und Petermännchen, selbst Lire, Soldi und Denari. Es fehlte nichts als die Kauris der Neger!«

Seine einleitenden Briefe beschließt er mit dem Wunsch: »Es blühe Deutschland! Ein Leben ohne Wünsche wäre die erbärmlichste Vegetation – ein Staatskörper ohne Wünsche ginge in Fäulnis über, und so wollen wir uns fromme Wünsche nicht verdrießen lassen!«

Die Illustrationen des vorliegenden Bandes entstammen sämtlich dem Werk »Das Königreich Bayern in seinen alterthümlichen, geschichtlichen, artistischen und malerischen Schönheiten, enthaltend in einer Reihe von Stahlstichen die interessantesten Gegenden, Städte, Kirchen, Klöster, Burgen, Bäder und sonstige Baudenkmale mit begleitendem Texte«, das 1843–1854 ohne Verfasserangabe in drei Bänden bei Georg Franz in München erschienen ist. Obwohl es rund zwanzig Jahre später als Webers Reisebriefe veröffentlicht wurde, stellen sich die Orte doch weitgehend so dar, wie auch Weber sie gesehen hat. Als stilistisch einheitliche Bilderfolge, an der bedeutende Künstler mitgewirkt haben, ergänzen die Stahlstiche Webers lebendige Schilderungen.

Frankenland oder Franco-Bavaria

Das Herz Deutschlands, das schöne gesegnete Franken, ein wahrer volkreicher Garten, war sonst geteilt in vier geistliche Staaten – Würzburg, Bamberg, Eichstätt und Deutschorden –, in die Markgrafschaften Ansbach und Bayreuth, in die Grafschaften Henneberg, Schwarzenberg, Hohenlohe, Wertheim, Erbach, Reineck, Castell und Limburg, in die Reichsstädte Nürnberg, Schweinfurt, Rothenburg, Weißenburg und Windsheim, in sechs fränkische Ritterkantone und einige reichsunmittelbare Dörfer. Jetzt ist alles vereint, mit Ausnahme einiger Grafschaften, unter dem humanen Zepter Bayerns, und die schönste Perle in Bayerns Krone ist *Franco-Bavaria!*

Franken war der kleinste Reichskreis, aber der erste unter allen in Fruchtbarkeit, hochgetriebenem Acker- und Weinbau, Viehzucht und Gärtnerei. Nur im Norden, wo sich Thüringens Berge und das Fichtelgebirge ausstrecken, ist Franken rauh, und auch dafür entschädigte Mutter Natur durch Holz, Mineralien und den Schutz, den jene Höhen dem Süden gewähren gegen die rauhen Winde des Nordens. Das Klima ist mild, der Boden fruchtbar, durchströmt von dem fisch- und schiffreichen Main, an dessen Ufer der edelste Rebensaft wächst; Früchte, Holz, Wildbret und Salz sind im Überfluß. Diese schönen Gegenden waren daher auch meist in den Händen der Ehrengeistlichkeit. »Wer das Kreuz hat, segnet sich zuerst«, sagt das Sprichwort, wenn es auch gleich die Markgrafen von Brandenburg weit genug brachten, die aus kleinen Burggrafen Nürnbergs das wurden, was die kleinen Grafen von Württemberg in Schwaben! Die fettesten Gegenden aber, Würzburg und Bamberg, waren das Paradies der Domherren und Mönche – wie der Rhein die *Civitas Dei* des heiligen Augustins – und die saftige Birne *Bonne Chrétienne!*

In Franken war das Sprichwort: »Die Domherren machen sich selbst.« Diese glücklichen Söhne der Kirche – ein Dorn in den Augen jedes Denkers – hatten ihre Pfründen keineswegs *in partibus,* und nicht selten zwei bis drei Pfründen zusammen = 10.000 - 20.000 Gulden, wofür sie weiter nichts zu tun hatten als Residenz zu halten, und keine anderen Eigenschaften zu haben brauchten als ein bißchen Latein und eine stiftsmäßige Mutter, mit der Aussicht, Fürstbischof, Erzbischof und Kurfürst werden zu können. Aus der Verlassenschaft eines gewissen Domherren wurden an Büchern und Kleidungsstücken 50 Gulden erlöst, aus seinem Weinlager aber 4 000 Gulden! Das Volk machte aus Dom dumm, folglich auch aus den Domherren Hochwürden Gnaden Dummherren oder gar Dummern, als ob es das italienische Wort gekannt hätte:

> Ed era si ignorante il pover' uomo
> che pareva un Canonico del duomo!

Noch heute fragt man in Spanien und Italien: Ist der Mann ein Christ? In England und Holland: Hat er Geld? In Frankreich fragt man wieder: Ist er von Adel oder gar vom Hofe? Hie und da auch in Deutschland – aber dem Himmel sei Dank, man fragt doch nicht mehr: Ist er kapitelmäßig? Wahrlich, die Vernichtung dieser geistlichen Hummelei, der Pfaffenfürsten, Prälaturen und Stifter, verdient schon allein, daß ich den Namen des Vaterlandes rot habe drucken lassen – sie schützt uns am besten gegen die aus dem Süden neuerdings drohende Verfinsterung!

Bekanntlich erlagen überall Kunstfleiß, Fabriken und Manufakturen unter der sanften Last des Krummstabes, die schon jetzt unter dem bayrischen Löwen besser gedeihen. Verscheucht ist das Bettlergesindel, welches milde Stiftungen und falsche *Carità* nur allzusehr begünstigte, wie noch heute in Spanien und Italien, wo Faulenzer besser daran sind als Arbeiter.

14

Das *Christo in pauperibus* – die Inschrift des Berner Spitals – ist ehedem ungeheuer mißverstanden worden. Bettler hecken wie Kaninchen oder Naturvölker, sie brauchen wenig und tragen keine Lasten der Gesellschaft, deren Last sie selbst sind. Jetzt gibt es Zwangs- und Arbeitshäuser statt der Klöster und Spitäler, und statt allzu mitleidiger Seelen gibt es Landjäger. Man sieht keine Galgen mehr, die, solange es Arme und Bettler gibt, nur Schand-säulen der Regierungen sind.

Sankt Nikolaus oder der Pelzmärtel ist sogar in Abgang ge-kommen, und auch das Christkindlein geht nicht mehr in Person herum; kaum daß noch zur Adventszeit oder in den sogenannten Klöpfles-Nächten die liebe Jugend gegen eine kleine Erkennt-lichkeit von Obst, Kuchen oder Geld die Ankunft des Heilands verkündigt auf gut fränkisch:

> Anklopfa Hämmerle
> 's Brod leit im Kämmerle
> 's Messer leit daneba,
> sollt mer eppes geba
> Äppel raus, Birn raus
> geh i in a anders Haus.

Mehr als Mutwillen aber ist es, wenn sie den armen Schnei-dern singen:

> Anklopfa heil'ge Nacht
> d'Gas hat da Schneider g'macht
> hat'n g'jogt bis oben aus
> springt der Schelm zum Lädele naus!

Der Main ist der Hauptfluß Frankens, der kleinste unter den sechs Hauptflüssen Deutschlands, und verbindet es mit dem Rhein und Holland. Mainz am Rhein nahm seinen Namen vom

Main; unsere älteren Gelehrten fanden im Worte *Moenos,* griechisch geschrieben, die Zahl 365, das volle Jahr, und in der altsächsischen und englischen Sprache heißt *main* vorzüglich. Der weiße Main entspringt dem Fichtelgebirge, vereint sich bei Steinhausen mit dem roten Main und wird zu Kitzingen schiffbar. Der Fluß ist seicht und gefriert weit eher als der Rhein, der mehr Fall hat. Seine Ufer, so schön sie hie und da sind, dürfen sich doch keineswegs mit denen des Rheins, der Donau und Elbe, ja selbst der Weser messen, und daher mag es kommen, daß das Gedicht des Briten Geddes, *The Banks of the Maine,* so trocken ausgefallen und fast unbekannt ist.

Der Flußgott Frankens macht wahre Schlangenwindungen und ungeheure Sprünge, die der Handelsschiffahrt am wenigsten günstig und schon dem bloßen Reisenden unangenehm sind. Er springt von Schweinfurt herab nach Ochsenfurt und von da wieder ebenso hoch hinauf nach Gemünden zum Empfang der Saale, dann wieder ebenso tief herab nach Wertheim, um die Tauber zu umarmen. Es scheint ihm ordentlich schwer zu werden, das schöne Franken zu verlassen, und er versucht noch Sprünge zwischen Miltenberg und Hanau! Noch ist meines Wissens kein Schiffahrts-Reglement zustande gekommen, die alten Zölle dauern fort (von Wertheim bis Mainz sieben Zölle!), und so ist auch der Aktivhandel weniger lebhaft, als er wohl sein könnte. Der lebhafteste Handel ist der mit Brennholz, und die Floßhändler des Ober-Mainkreises (zu Kronach und Steinwiesen wohnen einige 60 Floßhändler) liefern, wo nicht hartes, doch sicher mehr weiches Holz als die Oberrhein- und Neckarschiffe. Und wenn erst die Verbindung des Mains mit der Donau zustande kommt!

Das Maintal, vorzüglich um Würzburg, ist ein aneinanderhängender Weingarten, so, daß man denken wollte, er allein könnte Deutschland mit Wein versehen. Der Absatz ist meist ins Innere Bayerns, nach Hessen und Thüringen, würde aber schwerlich die

16

Beilngries

Hälfte wegnehmen, wenn die Franken nicht selbst so gemütliche Trinker wären und die Weinhändler Frankfurts und des Rheins nicht so christlich dächten, die Frankenweine als leibliche Brüder zu behandeln. Der Mainbruder gibt Feuer und Kraft und die Tauberschwester die nötige Säure, und so ist der beste Rheinwein fertig ... Doch diese Mischung ist immer besser als die mit Obstwein oder gar mit Wasser, und die Mainweine benehmen den jungen herben Rheinweinen die unangenehme Säure. Im Norden muß sich der Frankenwein gefallen lassen, daß noch schlechteres Gewächs den Spitznamen »Würzburger« und »Wertheimer« führt. Die Frankenweine setzen ihren Weinstein weit früher ab als die Rheinweine, können daher früher genossen werden, und das entschädigt für die spätere Weinlese. Die besten Frankenweine wachsen um Würzburg, und von diesen gilt eigentlich das Sprichwort: Frankenweine – Krankenweine. Sie dürften sich ganz mit dem Rheinbruder messen, wenn sie nicht so stark ins Blut gingen. Der König aller Frankenweine ist der Leistenwein an der Festung oder der dem Nikolai- oder Kapellenberge zugekehrten Seite oder Leiste auf etwa 60 Morgen. Die Leiste gehört dem Hofe, und gar oft wurde ein alter Leistenwein von fremden Gästen an der fürstbischöflichen Tafel als der kostbarste Ausländer getrunken, so wie an der Mergentheimer Rittertafel der sogenannte Schorer als der edelste Rheinwein. Ich weiß, daß Leistenweine nach Berlin gegangen sind um den Preis des besten Hochheimers und Johannisbergers.

Nach diesem kommt der Steinwein vom Steinberge am Wege nach Veitshöchheim, aber eine kleine Flasche oder Bocksbeutel à 1 Taler macht mehr Rumor ins Geblüt als zwei volle Flaschen Rheinwein. Der Spital verkauft diesen Wein unter dem Namen Heiligen-Geist-Wein trotz der obszönen Bocksbeutelsfigur, und mit diesem Namen wird auch Wein von der sogenannten Harfe belegt, auch Gressen-Wein genannt. Die dritte Sorte ist der sogenannte Calmus bei Kloster Triefenstein, der schon oft für Tokayer oder trockener Madeira getrunken worden ist. Die Weine von Randsacker, Sommerhausen und Rödelsee haben nicht minder verdienten Ruf, aber alle Frankenweine übertrifft nach meinem Geschmack der wahre Wertheimer! Man tut wohl, jeden Wein an der Quelle zu trinken, wenn man sichergehen will, und den herrlichen Calmus hat man am besten in der Kartause zu Triefenstein, die schon an und für sich wegen der malerischen Lage des Schlosses Homburg und der St.-Burkhards-Höhle besucht zu werden verdiente, deren Tropfsteine wahrscheinlich dem Kloster seinen Namen gaben. Gegenüber liegt Lengfeld, eine der besuchtesten Main-Überfahrten, wenn man von Würzburg durch den Spessart nach Aschaffenburg reist. Der Main macht von Würzburg bis dahin solche Ellenbogen, daß man zwanzig Stunden zu Wasser braucht, während man den Landweg in drei Stunden macht. Senior Hufnagel, der an der Kirmes vor dieser Kartause vorüberzog und den Prälaten anfragen ließ, ob er aufwarten dürfe, wurde nicht übel apostrophiert: »Gott! wie tief sind Sie gesunken!« In Franken heißt nämlich einem aufwarten auch: geigen um Brot!

Der katholische Teil Frankens ist zwar ein bißchen aufgeklärter als Bayern und Oberschwaben, aber nicht viel. Man stößt auch auf so viele Kruzifixe oder Herrgotts wie im Paderbornischen, Trierischen und Kölnischen. Es war auffallend, wenn man aus dem traurigen, unfruchtbaren Fuldischen an die lachenden Ufer des Mains kam, diese Dinge zu erblicken, da man doch im Fuldischen noch bigotter war. Aber der Grund lag auch nicht in der Religion, sondern in der Eitelkeit, und die geringere Wohlhabenheit der Fulder verbot es wohl der lieben Andacht, ihre Eitelkeit an den Tag zu legen und sich einen Namen zu machen.

Frankens beste Hälfte ist katholisch, und es wäre damals Ketzerei gewesen, mit Jean Jacques zu sagen: »*Extra ecclesiam nulla salus!* Wer so spricht, verdient, aus dem Staat gejagt zu werden«, denn der Staat selbst war ja die Kirche und die Fürsten selbst die

Bischöfe und Oberpriester! Es ist eines der größten Probleme der Staatsweisheit, das Übel zu vermindern, das aus der Vermehrung des Zehrstandes auf Kosten des Nährstandes hervorgeht, und diesem großen Übel ist schon zur Hälfte begegnet, daß jene geistlichen Hummeln nicht mehr sind, wo einer oft mehr verzehrte als 50 Arbeiter erschwingen konnten.

Die freigeisterischen Franzosen haben 1796 und später viele jener Herrgotts zertrümmert, die allerdings ein Kunstauge zum Bilderstürmer machen oder einen neuen Tanzmeister Marcel veranlassen konnten, seinen Schülerinnen zu sagen: »Mesdames, vous avez les jambes si mal tournées que ce Crucifix-là, mais pour lui, ce n'est pas sa faute!« Aber es gibt doch auch eine unphilosophische Intoleranz, und diese Herrgotts sind einmal dem Volke das, was dem Gelehrten seine großen Männer. Wir klagen, daß große Männer so selten Monumente haben; Jesus hat offenbar zu viele und muß sie noch mit armen Schächern teilen wie mancher sein wohlverdientes Ordenskreuz. Häufig hängen die Herrgotts in Franken zwischen zwei Linden, besser und schöner als zwischen Schächern, am Ende aber gleichviel, wie bei Kirchen auch, ob ein katholisches Kreuz darauf steht oder ein protestantischer Hahn Petri; besser, wenn alle diese *Dii crucifixi* Wegweiser wären wie in Württemberg.

Nach dem Herrgott kommt Sankt Nepomuk, der nicht nur auf allen Brücken steht, sondern selbst an Mühlgräben, und unstreitig unter allen Heiligen am häufigsten zittert. Sankt Urban ist in Franken das, was Bacchus in Griechenland, nur daß er bei schlechter Weinlese ein schlimmes Schicksal hat und schon oft in den Kot geworfen wurde. Er soll als Bischof zu Langres im 5. Jahrhundert durch Gebet alles Mißgeschick vom Weinberge des Herrn abgewendet haben und dafür heiliggesprochen worden sein. Wir könnten einen zweiten Urban brauchen, und nicht bloß Franken, sondern der ganze deutsche Bund würde ihn heilig- und seligsprechen, und dadurch würde vielleicht den Heiligen überhaupt wieder auf die Beine geholfen werden. Das wahre Nicht-Ich ist der Wein, und nichts geht über ein gutes Glas Wein als eine ganze Flasche. Aber ein bloßer Schoppen! Und bei recht Kühnen: Noch ein halber? Schon die Römer nannten ein Mahl ohne guten Wein *prandium caninum,* Hundemahl, und wie viele Hundemahle seit 25 Jahren! Doch der Herr wird nicht ewiglich zürnen, er wird uns wieder erquicken. Wo ist Freude, da kein Wein ist? seufzte schon Sirach, und das Jahr 1826 scheint endlich unsere Seufzer erhören zu wollen!

Die Franken sind heiter, wie es Weinhändlern zusteht, und die Würzburger stehen obenan. Sie sind gebildeter als in vielen anderen Gegenden des Vaterlandes, und ich hörte an einem öffentlichen Ort das Zweikammernsystem mit Verstand durchnehmen, »daß es nur neue Reibungen und eine neue Scheidewand setze zwischen dem Bürger und nur allzu zahlreichen Adelsstand«. Man rechnet 2 400 adelige Familien in Bayern! Wahrhaft humoristisch äußerte man sich über das Quieszenten-Heer, das über eine Million kosten soll, und treu, umsichtig und redlich befördert und wahrt die Zweite Kammer Bayerns das Interesse des Vaterlandes! Im heiteren, fröhlichen Franken erscheint ein steifer altbayrischer Landrichter wie die alten Berner Baillifs im Wattlande. Und das Volk spricht auch wohl vom bayrischen Hiesel, beleidigender als tausend Sauschwänze! Man stößt auch auf recht hübsche Gesichter, aber die Kleidertracht verdirbt alles wieder: kurze Röcke, lange Contusche, rote Strümpfe und alberne Hauben. Die Volkssprache hat wegen der häufigen »ä« und der weggelassenen letzten Silbe der Zeitwörter etwas Widriges. Die Katholiken sagen nicht Tage, Kosten etc., sondern Täge, Kösten; nicht erbaulich, sondern auferbaulich. Die Würzburger und Rhönleute lassen alle »n« weg, sind aber doch verständlicher als die Nürnberger. Am unverständlichsten waren mir die Fichtelberger und am verständlichsten die Ansbacher. Die Sprache Würzburgs erhellt aus der Klosterregel:

22

Nach Lichtmeß
soll die Herrn bei Tag eß

und aus des Hausknechts Note unter seines Herrn Leibspruch:

Was kann uns mehr erfreu'n
als Weiber, G'sang und Wein?

A guet Bier und a Maid
geit ach a Fröd . . .

In Franken wird man häufig an die Druiden erinnert, denn Hexen heißen hier Druden. Die Landleute glauben nicht nur an Hexen in Haus und Hof, sondern wenn sich in der Heu- oder Getrei-
deernte ein Wirbelwind nähert, daß eine Drude darinnen stecke,
und da sie ferner glauben, daß diese Druden die Schweine nicht
leiden können, so begnügen sie sich nicht mit dem Kreuz, sondern rufen noch aus vollem Halse: Drude! Drude! Säudreck!
Und nimmt der Wirbelwind dennoch Heu oder Frucht mit sich
fort, so rufen sie nach: »Sauluder! hast doch was mitg'num-
men!«
    Gar lieblich ist das fränkische »Gelt?« oder gar »Gelten Sie?«
für »Nicht wahr?« »Weger« für wahrlich, und vollends gar:
»Maane Sie, i sei a sotti?« Die Anfangsformel in der Anrede
»Mai!« oder »Mein!« ist das französische *Eh bien!* »Hauderer«
bedeutet einen Mietsfuhrmann, »Mürbes« Semmel, »Kern«
Rahm, »Gren« Meerrettich, »Kümmerling« Gurken, »Pota-
ken« Kartoffeln, »Ern« Vorplatz (arena), aber »Zimmerwart«
für Kastellan (oder gar »Hausschneider«) wäre anzunehmen, so
wie »Hecker« für Winzer, denn die guten Leute hacken wahrlich
das ganze Jahr hindurch in ihren Bergen, und gar oft vergebens.
Aber wer errät, was »Hosche-Gockele« sagen will? Eier, die der
Hase bringt, wie der Storch die Kinder, daher ferner »Hasenei-

er« – deutsch: Ostereier. Weit leichter errät man den Bewohner eines Einzelhofes, der sich über die Hundesteuer beschwert: »Ich halte den Hund nicht für *passleton!« (passe-temps)*. Das Taschentuch heißt in Franken und Schwaben Schnupftuch, in Bayern Nosenwischer, die Österreicher haben gar kein deutsches Wort, sondern das italienische, und sagen Fazonettel – immer noch besser als das derbe schweizerische Nosenlumpe. »Hüts« heißen Klöße, die oft so fest sind, daß man Gewalt brauchen muß wie bei alten Käsen und Nüssen. Getrocknete Äpfel, Birn und Zwetschgen heißen Hutzeln, zerschnittene Schnitz, und mit Wonne erinnere ich mich der Zeit, wo mir die Großmutter mit einer Handvoll solcher Hutzeln größere Freude machte als mit einer Handvoll Dukaten, und wenn solche vom Schimmel weiß waren, mich überreden konnte, sie wären überzuckert!

Komisch ist, wie der gemeine Mann oft die Worte untertänig und gnädig verwechselt, und es ist sowenig Bosheit dahinter, wenn er sagt: »Unser Herr Pfarrer hat heute eine recht interessierte (interessante) Leichenpredigt gehalten«, als wenn er von einem »schlimmen« Doktor spricht, denn das heißt ein sehr geschickter Doktor, wie in der Pfalz auch. Ein großmütiger Herr ist ein stolzer, grober Herr, und Landmädchen, die im Schmuck hochmütig heißen, sagen von einem, der sich mit ihnen abgibt: »Es ist ein gar niederträchtiger (herablassender) Herr«, was dann leicht zu eigentlichen Niederträchtigkeiten führt. Eine liederliche Frau ist nur eine kranke Frau, ungezogene Kinder sind bloß unerzogene, und der vertrauteste Freund heißt der gröbste Freund, was denn freilich manchmal zutrifft. Solche Sprachverwirrungen haben mir oft komisches Interesse gewährt. So heißt auf dem Schwarzwald »schleunig« gerade umgekehrt allmählich, denn sie leiten das Wort vom Schleichen ab, und so macht's sich der Expresse, der lesen kann, bequem, selbst wenn höchstpressante Dienstsache daraufsteht – und ist dabei so unschuldig wie der Norddeutsche, der dem Vater seiner Schönen sagte: »O!

Burg Lisberg

könnte ich Ihnen (Sie) doch meinen Vater nennen!« Der Vater wollte nun nichts mehr von einem Tochtermann wissen, der nicht einmal seinen Vater zu nennen wisse. Wenn man in Sachsen und Schwaben häufig »Gott behüte dich, Gott grüße dich« hört, so hört man in Franken ein »Ades« (à Dieu), was sich freilich leichter erraten läßt als die Bitte um eine Otto-Kolonie-Flasche, wenn man nicht weiß, daß Eau de Cologne darunter verstanden wird.

Die Franken haben einen Nationalstolz, den Deutsche sonst entbehren, vielleicht gegründet auf das alte Frankenland, das aber nördlicher zu suchen ist; Frankreich ist ihnen *Francia occidentalis,* Franken *Francia orientalis.* Nun, Deutschland verdankt den alten Franken, so roh sie auch waren, vieles. Franken ist offenbar Kollektivname deutscher Völker wie Alemannen; sie taten die ersten großen Schritte aus der Barbarei, denn sie standen stets in Verbindung mit den Byzantinern, und noch führen im Morgenlande alle Abendländer seit den Kreuzzügen den Namen »Franken«. Karl der Große war ein Franke, und auf dem Herzogtum Franken haftete das vornehmste weltliche Erzamt des Erzseneschalls. Sen bedeutet Herde und Schall Aufseher, aber aus dem Oberaufseher der Herden konnte wohl der erste Hofbeamte hervorgehen.

Die Zwischensprache am ganzen Mittelmeer ist die *lingua franca,* ein Mischmasch verstümmelter französischer, italienischer, arabischer und türkischer Wörter wie der Mischmasch der Völker zur Zeit jenes frommen Schwärmens. Das schöne Franken – warum verewigt kein besonderer Bundesstaat diesen schönen Namen? Wahrscheinlich wäre dies, wenn die Herzöge Frankens nach dem Tode Kaiser Heinrichs V. nicht mit den Herzögen Schwabens zusammengeflossen und mit dem Sturz der Hohenstaufen beide Herzogtümer nicht aufgelöst worden wären wie der alte Schwabenbund zur Zeit der Cäsaren, zur Beförderung der deutschen Vielherrschaft und der Krummstäbe. Gustav

Adolf starb zu früh, um Herzog Bernhard von Weimar, dem er Würzburg und Bamberg versprochen hatte, zum Herzog von Franken zu machen. Unterm Krummstab Würzburgs, das auch als Herzog von Franken das Schwert führte, war gut wohnen, aber der Stab war dennoch krumm, und wer gerade Linien liebt, haßt alles Krumme.

Den schönen Namen hält Frankfurt aufrecht, und wenn man will, selbst Frankreich, jedoch protestierten die deutschen Franken mit Recht, als die Franzosen sich Neufranken nannten und 1796 den Namensbruder so garstig mitnahmen, bis Franken nach dem Vorgang Hohenlohes, das unter preußischen Flügeln Schutz fand, sich auch neutral erklärte wie Schwaben und Bayern. Österreich hatte nun alle Gelegenheit, seine große Kraft allein zu entwickeln, und schimpfte mit Recht über diese Neutralitäten und Separatfrieden, bis der Erbfeind auch in den Erblanden stand, wo es dann auch Separatfrieden schloß wie die andern, denn die schöne Zeit der Separatfrieden war gekommen!

Die Franken sahen sonst hoch herab auf die Schwaben, und die an Schwaben grenzenden Hohenloher protestierten so feierlich gegen den Titel wie die Badner, was beides lächerlich ist. Wahr ist es aber, daß man die Franken und ihre jovialen, freien, zutraulichen Sitten schätzen lernt, wenn man weiter nordwärts reist zu den feineren, aber verschlosseneren und haushälterischeren Sachsen. Die Franken sind unter der humanen Regierung Bayerns noch immer wahre Franken, und ich hörte im Jahr 1823 die freiesten Äußerungen an öffentlichen Orten, die mich doppelt erfreuten, da ich aus Böhmen kam, wo ich z. B. nie das Wort Spanien und überhaupt nie etwas von politischen Angelegenheiten sprechen hörte – die Leute saßen da wie Büsten, und der Überrock des Schweigens deckte ihre Klugheit und Unwissenheit. Es wäre schade, wenn das Wort »Franken« im Worte »Bayern« unterginge!

Sie sind jetzt politisch genommen Bayern, aber es scheint mir zwischen Altbayern und Neubayern so etwas zu liegen wie zwischen Alt- und Neuwürttembergern. So sind die Würzburger für Kissingen, die Ansbacher für Burgbernheim, die Bayreuther für das Alexanderbad, die Rothenburger für ihr Wildbad eingenommen – zur gemeinsamen Idee »bayrische Bäder« scheinen sie sich noch nicht erheben zu können. Die Alten halten sich für besser, und doch gibt es Fälle, wo die Alten von den Jungen manches lernen könnten! Alt und Jung würden sich besser befinden in wechselseitiger Achtung, Einverständnis, Ertragung und Einheit. Wie die Franken zu dem nachstehenden Spruch gekommen sind, weiß ich nicht anzugeben:

Wir guten Franken,
wir loben und danken,
daß wir nicht sein
wie die Groben am Rhein!

Fossa Carolina, der Kanalversuch Karls des Großen

Marmorsteinbruch bei Solnhofen

Nürnberg

Vom Ries nach der Hauptstadt Frankens führt der Weg über Weißenburg, Pleinfeld, Roth und Schwabach. Die ehemalige Reichsstadt Weißenburg, die ein Gebiet von vier Dörfern hatte, ist unbedeutend wie ihr Wildbad, wo man aber noch die Überbleibsel von Karls des Großen angefangenem Kanal zur Verbindung des Main mit der Donau sehen kann. Die bedeutendste Besitzung des Freistaates im alten Nordgau war ein Wald, der den freien Bürgern freien Brand sicherte, und daher heißt er Paradies. In diesem Weißenburger Walde, der sich gegen Eichstätt hin ausdehnt, müssen sich unsere Germanen tapfer herumgeschlagen haben; man erblickt eine Menge Grabhügel oder *tumuli* in der Antiquarensprache, die zum Teil eröffnet und ihre Ausbeuten nach Eichstätt gebracht worden sind. Wilsburg *(mons ferarum)* sieht auf Weißenburg herab, das früher ein Kloster, zur Zeit der Markgrafen aber die Ansbacher Bastille war, wo der letzte Markgraf auch die Erlanger Musen in Ordnung brachte. Das römische *Vallum,* vulgo Teufelsmauer, läuft auch durch den Weißenburger Wald und könnte den Reisenden leicht versuchen, die alte Reichsstadt, wenn er so ihre Häuser ansieht, selbst ein Teufelsnest zu nennen!

Ellingen lacht desto freundlicher dem Reisenden entgegen, das jetzt Eigentum des Fürsten Wrede ist mit einem kleinen Gebiet, sonst aber dem Deutschorden gehörte. Das Schloß mit Garten ist zwar nicht so groß wie das zu Mergentheim, der ehemaligen Residenz des Deutschmeisters, aber weit schöner und angenehmer. Zwei Stunden seitwärts liegt Absberg, gleichfalls Ordensbesitzung, wo eine berühmte Freiung war, die schon die alten Ritter von Absberg von Kaiser und Reich zu Lehen trugen. Gegen Erlegung von 1 Gulden 15 Kreuzer war hier und im Umkreis von drei Stunden jeder Flüchtige sicher, der kein Majestätsverbrecher oder Mörder war. Zwischen Ellingen und Pleinfeld ist noch das römische *Vallum* am merklichsten, Überbleibsel von 6 Fuß Höhe und Breite. Unter Hadrian und Marc Aurel zogen die Römer diese Linien von Regensburg über Gunzenhausen, Wassertrüdingen, Feuchtwangen, Crailsheim bis nach Wimpfen am Neckar. Es ist doch sonderbar, wie sich die alte Welt gegen die Überfälle herumstreifender Horden zu decken suchte. Ägypter, Babylonier, Griechen und Römer wie die Chinesen bauten solche ungeheuren *Valla,* und gerade dadurch lehrten sie die Barbaren das Geheimnis ihrer Schwäche kennen, die lachend darüber hinweg stiegen!

Bei Pleinfeld beginnt ein wahres Hopfenland, hier zu Roth, Schwabach, Lauf, Hersbruck, Altdorf, vorzüglich aber zu Spalt, dem Geburtsort des trefflichen Spalatinus. Hopfen sind ihre Reben, und die Hopfenernte ist ein Volksfest wie die Weinlese. Roth und Schwabach sind auch noch höchst gewerbsame Fabrikorte. Schwabach mit 6 500 Seelen ist neben seinen Woll- und Baumwollmanufakturen vorzüglich berühmt durch Nadelfabriken, die 1 200 Menschen beschäftigen, jährlich gegen 200 Millionen Nadeln liefern = 130 000 Gulden und nebenher noch eine Menge Maultrommeln und Nürnberger Tand. In der Kirche sieht man einige schöne Wolgemut, das Zuchthaus ist nicht leer, und berühmt sind die Schwabacher Lettern (worunter man aber keine *belles lettres* verstehen darf), vormals aber noch berühmter das Schwabacher Bier, wofür man ebensoviel Wein gab. Es ging weit ins Ausland und tief nach Ungarn, und daher führt auch die Stadt mit Recht im Wappen zwei Bierschupfen in Form eines Andreaskreuzes, so gut als Pappenheim die zwei roten Reichsschwerter!

Falkenstein, der auch eine Schwabacher Chronik geschrieben hat, gedenkt schmunzelnd des Schwabacher Biers und führt gelegentlich mehrere Eigennamen berühmter Biere auf; so hieß das Jenenser Mord und Totschlag, das Wittenberger Kuckuck,

Eichstätt

Schloß Ellingen

Pappenheim

Stadtpfarrkirche und gräfliches Schloß zu Pappenheim

das Haller Putt etc. Alle diese Biere haben die warmen Getränke zuschanden gemacht! Friedrich erließ 1779 ein eigenes Reskript, in dem er statt des Kaffees Biersuppen empfiehlt, bei welchen er selbst groß geworden sei – aber man kehrte sich nicht an seine Lehre (er befolgte sie selbst nicht), bis die schlechten Weinjahre aufs Wort merken lehrten, selbst in den eigentlichen Weinländern, wo sonst der Wirt den Gast spöttisch anblickte, der Bier verlangte, und der Kellner noch spöttischer. Ich erinnere mich eines solchen jungen Kalbes vom Lande, das mich mit den Worten anblökte: »Hier trinkt man kein Bier!« Der vernünftigere Wirt aber gab ihm neben einer derben Ohrfeige den Befehl, mir auf der Stelle Bier herbeizuschaffen. Man trinkt jetzt mehr Bier als Wein, und so wird schon Goliath mit David umwechseln – jener trug sonst das Wasser herbei, und dieser das Malz; umgekehrt wird das Bier schon besser werden!

Nürnberg liegt vor mir in seiner ganzen altertümlichen Schöne. Hamburg, Lübeck, Bremen, Augsburg und selbst Frankfurt haben alle noch etwas Altertümliches, aber Nürnberg am meisten. Seine vielen Türme, wenn es auch gleich keine 365 sind, die alte Burg auf der Höhe, die roten Mauern mit den vier malerischen runden Riesentürmen an den Toren füllen die Phantasie mit Bildern der Fehden- und Faustrechtszeiten. Die Stadt zählt auch viele unterirdische Gänge, zu denen man vom Rathaus aus gelangen kann und die sonst sehr geheim gehalten wurden; Magistratus traute der Bürgerschaft nie recht und wußte warum. Nürnberg imponiert mächtig von außen, aber wehmütig ruft man im Innern: *fuit Ilion! fuimus Troes!*

Die Bauart der Häuser mit ihren Freskomalereien und Erkern, Chörlein genannt, die alten gotischen Kirchen mit ihrem Helldunkel, gemalten Fensterscheiben und Patrizierwappen, die alten Stadtgraben, die Einfachheit der Sitten etc. versetzen in jene älteren Zeiten, wo Nürnberg zwar keine 50 000 Wehrmänner, wie der reisende Franzose will (was wenigstens eine Bevölkerung von 200 000 Seelen voraussetzte), aber doch 70-80 000 Einwohner zählte, von denen Aeneas Silvius sagte, daß sie besser wohnten und lebten als die Könige Schottlands! Es müssen doch traurige Könige gewesen sein! Nürnberg hat zwar längst aufgehört, der Mittelpunkt des deutschen und italienischen Handels und ein blühender Freistaat zu sein, gehört aber immer noch zu den interessantesten Städten des Vaterlandes, interessanter als viele Residenzen!

Die Stadt liegt auf zwölf Hügeln, deren höchster die Burg trägt (die Burg der Noriker – Nürnberg). Schon in einer Urkunde vom Jahr 1062 wird Nürnbergs gedacht, wo bereits von Zoll-, Münz- und Markrecht die Rede ist; ob aber die Burg oder die Stadt älter sei, bleibt ungewiß. Nürnberg gehörte zu den Lieblingsstädten der Kaiser, daher hier viele Reichstage gehalten und viele Freiheiten erteilt wurden. Die Umgegend ist zwar sandig und wenig fruchtbar, aber gerade darum haben die Nürnberger, wie der alte Sebastian Münsterus so richtig bemerkte, »ihre spitze Vernunft desto fleißiger auf subtile Werke und Künste geschlagen, und das Bauernvolk genießt desto fleißiger die Natur des ungeschlachten Erdreichs mit Arbeit«. Ganz richtig! In dem undankbaren Sandboden wird das herrlichste Gemüse und Tabak in Menge gezogen – anmutige Gärten zieren ihn und die blühendsten Dörfer, und wer fände nicht spitze Vernunft in den Waren, die Nürnberger Tand heißen?

Nürnberg ist die größte Stadt Frankens und hatte als Reichsstadt auch das größte Gebiet. Es zählte sechs Landstädte, Altdorf, Lauf, Hersbruck, Velden, Betzenstein und Grürenberg, neben einer Feste Lichtenau und einer Universität Altdorf. Das Gebiet war 30 Quadratmeilen mit 60 000 Seelen, ohne die Stadt selbst zu 50 000, die auch jetzt mitsamt dem Militär nicht mehr zählen wird. Athen und Sparta hatten keine größeren Territorien. Die Einkünfte der Stadt allein sollen einst 2 Millionen, das Ganze 6 Millionen Gulden betragen haben? Nehmen wir auch

44

Die untere Burgkapelle zu Nürnberg

nur die Hälfte an, wie war es möglich, 12 Millionen Schulden zu haben? Das Einkommen reichte zuletzt nicht mehr hin zur Zinszahlung, indessen war die Schuld, wie in Großbritannien, national ... *Injuria temporum*, der veränderte Handelsweg, Kriege, allzu starke Reichs- und Kreisanlagen, Reichsprozesse mit sich selbst und den Nachbarn, der Adler mit dem Motto *Suum cuique*, selbst die Veränderung des Geschmacks, der z. B. Silber, Porzellan, Glas den Metallarbeiten vorzog – alles mußte zum Verfall Nürnbergs beitragen, nichts aber mehr als das Patriziat, der eigentliche Bandwurm, der Nürnberg verzehrte! Man zählte etwa 30 Geschlechter, die da herrschten: Behaim, Harsdörfer, Ebner, Grundherr, Haller, Imhof, Kreß, Geuder, Führer, Kohler, Pfeinzing, Löffelholz, Stromer, Tucher, Bolkamer, Welser, Waldstromer etc. Holzschuher waren besonders ausgezeichnet:

Den Schlamm und Kot der Welt mit Füßen zu zertreten, hat hoch und harte Schuh gewißlich man vonnöten!

Nur ein einziger Aufruhr vom Jahr 1348 befleckt die Geschichte der Stadt, und es ist ein Beweis von Gutmütigkeit der ehrsamen, fleißigen und genügsamen Bürger, selbst im wilden Mittelalter, daß sie diese Geschlechter nicht hinausjagten. Hilflos schmachtete die Mehrzahl unter ihrem Druck, die Rußigen oder Feuerarbeiter waren noch allein die Freisinnigen zuzeiten, alle übrigen begnügten sich, ihren Kindern zu sagen: »Wenn ihr vor der Kirche vorübergeht, so betet ein Vaterunser, vor dem Rathause aber zwei.« Andere machten sogar Umwege, um nicht vorüberzugehen, denn es war ihnen wie vor dem Hochgericht. Insolvente Bürger wurden begraben in einem Sarge mit plattem Deckel, *vulgo* Nasendrücker, und sie, die in ihrem ganzen Leben und am ganzen Leibe gedrückt waren, suchten noch den letzten Heller hervor aus Furcht vor einer platten Negernase im Sarge! Ungestört hielten die stolzen Patrizier ihre Igelmahle (so hießen die Ratsgastereien, weil eine Mandel Igel in kalter Milch den Beschluß machte) und glichen unter allen deutschen Patriziern am meisten den venezianischen Nobili, welche Nürnberg so wenig vergessen kann als die Losung. Im gemeinen Leben sprechen noch Verkäufer: Wir haben gute Losung. – aber die Patrizier hatten die beste, und die Bürger die schlechteste. Sie klagten zwar, aber was helfen Klagen in einem Staate, dessen Oberhaupt bei der Wahl versprechen mußte, so leichtlich keine Klagen der Untertanen gegen ihre Obrigkeit anzunehmen? Was half es, wenn nach langen Jahren der Bescheid erfolgte, man verhoffe, der Herr Fürst etc. werde schon von selbst auf einige Änderung Bedacht nehmen, was erst Max Joseph, der König Bayerns tat! Man mußte die guten Nürnberger bedauern; wenn man sie aber sah, wie sie die Jungen ihrer Patrizier, die noch gar nichts waren, unter tiefen Bücklingen Ew. Gnaden nannten und diese Knäblein Männern, deren Alter und Verdienste sie hätten ehren sollen, kaum mit einem gnädigen Kopfnicken dankten und recht gerne noch einen gravitätischen Blick hinzugefügt hätten, wenn solcher schon in ihrer Macht gestanden wäre – so dachte man wieder: Verdienen nicht diese Bürger ihr Schicksal? Wer sich selbst zum Wurme macht, verdient mit Füßen getreten zu werden!

Viel mußten sich einst die guten Reichsstädte nachsagen lassen, viel Böses, keine aber wohl mehr als das liebe Nürnberg, das man sogar Moropolis nannte. Über alles, was da geschah, lachte man, vom schönen Ratsbrunnen an, der nie aufgestellt wurde, weil's am Wasser fehlte, und von Veit Stoß' Englischem Gruß, den man in einem Sack in der Kirche aufhängte, bis herab zum Steckeles-Schmecken, d. h. dem mit Silberdraht umwundenen Blumenstrauß, den die Ratsherren bei Hochzeiten erhielten und der statt des Fächers diente. Die lächerlichen Tauf-, Hochzeits- und Leichen-Zeremonien nahmen dem armen Bürger vollends ab, was die Patrizier übrig ließen, und Ehrengeistlichkeit half auch dazu, die viel zu zahlreich war, so, daß in den letzten gottlo-

Theresienplatz zu Nürnberg

sen Zeiten oft weniger Zuhörer in der Kirche waren als Falten im geistlichen Halskragen! Die Nürnberger erschwerten sich das Leben auf alle Art – zu einem Gastmahl mußte man sich dreimal bitten lassen, und so wohlfeil auch zu leben war, so war doch nirgendwo teurer zu sterben als in Nürnberg!

Die alten Nürnberger müssen größere Zecher gewesen sein als die späteren, denn im Jahr 1540 bestellte Magistratus ein eigenes Kärrlein, womit man Betrunkene, die auf der Gasse liegenblieben, nach Hause führte. Jetzt kämen sie freilich nach der Polizeiwache.

Die Farben der Stadt waren weiß und rot, daher die Stadtdiener auch halb weiß, halb rot gekleidet waren und Flecklisbube hießen. Rührt vielleicht daher die auffallende Vorliebe der Stadt für die rote Farbe? Das Stadtwappen war eine Harpyrie oder Adler mit Jungfrauenkopfe. Wären die Nürnberger nicht so überaus gutmütig von jeher gewesen, so hielte ich diese Harpyie für eine boshafte Anspielung auf ihre Patrizier!

Viel lachte man auch über die Uhr, nach der sie reichsbürgerlich fortzählten bis zum Garaus, und gar viele Lacher wußten nicht, daß es eine alte Sitte Italiens ist, mit dem Nürnberg so viel Verkehr hatte. Der Rat hätte die Sitte längst abgestellt, aber die Bürger selbst wollten nicht. Sie hielten ihre Freiheiten für gefährdet wie die Basler, wenn ihre Uhr nicht 1 schlägt, während überall um sie her die Glocken 12 schlagen. Die Nürnberger beguckten die Welt in einer Nuß, ihr Gesangbuch hieß der singende Mund, und fremde Sprachen wollten sie durch den Nürnberger Trichter beibringen, bis auf unsere Zeiten. Die Züchtlinge, die Glas schleifen mußten, wurden frei, wenn sie Selbstmörder begruben. Glasschleiferei ist selbst ein subtiler Selbstmord, und unbegreiflich, wie man sie bei Wasser und Brot aushalten konnte.

Magistratus scheint doch manchmal über sich selbst zum Nachdenken gekommen zu sein, denn als die Kochische Schauspielergesellschaft 1738 die Plaideurs von Racine aufführte,

nahm er solches für ein Pasquill; Koch beruhigte aber den Hochweisen Rat dadurch vollkommen, daß er versicherte, das Stück
sei aus dem Französischen und ginge folglich lediglich die Franzosen an. Es ist keine Schnurre, daß der Rat auf den Einfall kam,
die Jungfrauschaften untersuchen zu lassen, worüber ein sehr sa-
tirischer Kupferstich vorhanden ist; und wäre ihm die Infibula-
tions-Methode bekannt gewesen, so hätten Infibulations-Ringe
einen neuen Industriezweig der fleißigen Nürnberger abgeben
mögen. Die Sache ist vollkommen richtig, folglich auch der
Stammbuchwitz bestens begründet:

> Als einst der Rat von Nürnberg fein
> Die Jungfern wollte wenden,
> Da wollten alle Schneider sein,
> Besonders die Studenten!

An solche und ähnliche Dinge hielt man sich und vergaß darüber
den herrlichen Kunstfleiß, der stets zu Nürnberg herrschte.
»Nürnberger Tand geht durch alle Land« – Nürnberger erfan-
den die Taschenuhren (Nürnberger Eier), die Windbüchse, das
Flintenschloß statt der Lunte, das Drahtziehen, das Messing, die
Holzschnitte und eine Menge mathematischer und musikali-
scher Instrumente. Bestimmt könnten wir alle englischen Instrumente entbehren, wenn wir Nürnberger Künstler ebenso gut
zahlten als Briten bezahlt werden. Der Nürnberger Witz geht eigentlich auf ihren Erfindungsgeist, der freilich in späterer Zeit zu
Spielwaren herabsank, zu Dukatenmännchen mit einem Dukaten und zu den roten Pferdchen mit einem Pfeifchen im Steiß.
Die Technik hat die Kultur weiter gebracht als die Wissenschaft,
und beide haben der Menschheit mehr genützt als alle Regenten
samt ihren Handlangern. Ich gäbe hundert Bände zur sogenannten Kunstgeschichte für eine gute Geschichte der praktischen
Künste des Lebens!

52

Die Kapelle im Landauer Brüderhaus zu Nürnberg

Nürnberg war neben Augsburg die Wiege deutscher Kunst, was man schon von außen an den bemalten Häusern sehen konnte. Nürnberg ist die Vaterstadt von Dürer, Pirkheimer, Behaim, Hans Sachs und anderen, und auch Sandrart lebte hier, der so viel für die Kunst leistete. Dürer (1471-1528) war nicht nur der größte deutsche Maler, sondern auch ein guter Mathematiker, der die erste deutsche Schrift über den Festungsbau lieferte; er zeichnete mit freier Hand und Kreide einen Kreis, der den Zirkel aushielt. Dürer starb an einem Übel, das ihm sein ganzes Leben verbitterte und viele tausend verbittert, wenn sie auch nicht daran sterben – an einem bösen Weibe! Seine Wohnung, die jetzt einer Straße den Namen gibt, gegenüber dem stattlichen Hause mit einem Ritter, wo Sandrart wohnte, hatte ein ins Freie gehendes Giebelfenster, und hierher flüchtete sich der arme Mann, wenn die Hausehre zu sehr brummte. Dann sah er aus dem Dachfensterlein in Gottes ruhige Natur und sammelte sich neue Geduld. Der Drache Agnes aber plagte ihn so lange, bis sie ihn zum Tore hinaustrugen. Dürer ist so berühmt, daß selbst eine Kammerjungfer (die freilich viel lesen) sich auf die herrlichen Dürers in Nürnberg freute; sie verstand aber, wie sich an Ort und Stelle zeigte, Dürer-Lebkuchen darunter; sie wußte auch viel von dem Meister der schönen Christusbilder zu plaudern, von dem Meister I. N. R. I.

Dem alten Schuster Hans Sachs hat in unsern Zeiten Flaschner Grübel in Nürnberger Mundart nicht unglücklich nachgeeifert, mit weniger Glück aber Marx. Die Nürnberger haben sogar eine Art Sammlung von Mundartgedichten, die schwerlich auswärts bekannt sind; die »Horen«, die »Erfindung der Würste« und die »Brennessel-Kur« gehören zu diesem Genre. Der Hirt, der diese Kur bei dem Farren mit Erfolg anwandte, bekam von seinem alten Pfarrer einen Vierziger unter der Bedingung:

Sog er döi Kunst nit meiner Frau,
i bitt recht schöi drumm –
döi haut mi mit Nesselne
zon Gottserbarme rum!

Nürnberg hatte das erste deutsche Theater der Zeit nach und gab
auch die erste deutsche Oper, Arminius, und sollte jetzt billig
weiter fortgeschritten sein. Das Gebäude war eine Scheuer, und
auch jetzt in verbesserter Gestalt ist es nicht viel besser, wenngleich außen *Templum* geschrieben steht. Nürnberg ist zu arm
für ein schönes Theater und für eine ausgezeichnete Theaterge-
sellschaft. Desto schöner und von der alten wichtigen Reichsstadt Pracht- und Kunstsinn zeugend sind das Rathaus und die
Kirchen zu Sankt Sebaldus und Sankt Lorenz; die alte Ratsbi-
bliothek ist aber so, und viele interessiert weit mehr als die alten
Bücher des naiven Luther Geschenk an D. Jonas, das in einem
gläsernen Becher besteht mit der Inschrift:

Dem alten Doctor Jonas
bringt D. Luther dieses Glas,
das lehrt sie alle beide fein,
daß sie zerbrechliche Gläser seyn!

Das unvollendete, aber dennoch schöne Rathaus von drei Ge-
schossen und 275 Fuß Länge gefällt, und seine unterirdischen
dumpfigen Geschosse, die zu Gefängnissen dienten, erfüllen mit
Grauen. Die besten Dürer, die sonst Reisende dahin zogen, sind
fort, aber etwas, was selbst *Senatus populusque romanus* nicht
hatte, verdient unsere Aufmerksamkeit: das Turnier in Stukkatur
in der oberen Galerie. Die Figuren sind in Lebensgröße, und ein
Gemälde gibt lange nicht diese Anschaulichkeit, daher es wohl
in den trefflichen Kupferalmanachen, die bei Riegel und Wies-
ner erschienen und jedem Freunde Nürnbergs so willkommen

Die St. Sebalduskirche in Nürnberg

Der Rathaussaal zu Nürnberg

war, abgezeichnet oder verewigt sein sollte, neben einem der malerischen vier Türme. Das herrliche Kunstwerk von bloßem Gips ist der Witterung ausgesetzt und könnte unversehens verschwinden, und vertiefte Kunstliebhaber des 19. Jahrhunderts könnten leicht in einem Turniere erschlagen werden, das im Jahr 1434 gehalten worden ist!

Das große Gemälde Sandrarts, ein Friedensmahl mit 50 Personen, alle nach dem Leben gemalt, ist nach der Galerie gebracht worden, im Hofe aber ist der Delphin mit einem Kinde auf einem Brunnen sehenswert wie auch die hölzernen Figuren über der Ratsstubentüre, zur Rechten des Richters steht ein Reicher mit dem Teufel, und zur Linken ein Armer, begleitet von einem Engel. Es ist in der Tat schade, daß unsere Zeit weder Teufel noch Engel mehr glaubt, ohne moralischer geworden zu sein! In diesem Ratszimmer, das ziemlich finster ist, steht auch *Bonum publicum, suprema lex,* und wer will den Patriziern nachsagen, daß sie diesem Gesetz nicht nachlebten, treulich und ohne Gefährde? Das Rathaus blieb unvollendet, nicht aus Mangel an Geld, sondern aus Mangel an Steinen. Wegen eines mit Brandenburg ausgebrochenen Zwistes konnte man sie nicht mehr in der Nähe haben, und daher steht da, wo die Fassade abbricht, in einer Nische ein Hund, woher die Redensart kommen soll: »Hier liegt der Hund begraben!«

Herrlich sind die beiden altdeutschen Kirchen zu Sankt Lorenz und Sankt Sebaldus, und nie bin ich vor dem Portale der ersteren vorübergegangen, ohne stehenzubleiben. Fast nirgendwo sind die Türme unserer gotischen Kirchen vollendet, hier sind sie es, was mir immer ein Hauptbeweis des hohen Wohlstandes des alten Nürnberg gewesen ist. Mit tiefer religiöser Ehrfurcht betritt man ihr heiliges Dunkel, die hohen, gen Himmel strebenden Säulen, die bunt gemalten Fenster, die nur ein schwaches Licht durchlassen, das altertümliche Grau, die vielen Wappen an Wand und Decke verstärken die Wirkung, am Altar brennt das ewige Licht, von einem Tucher gestiftet – solche altdeutsche Kirchen predigen ohne Prediger!

Das sogenannte Sakramentshäuschen mit der Leidensgeschichte, das Meister Kraft mit seinen beiden Gesellen auf den Schultern trägt, ist von hoher Kunst. Man glaubt, was Sandrart sagt: »Adam Kraft hatte eine besondere Wissenschaft, harte Steine zu erweichen, in Formen zu gießen und dann wieder zu härten.« Zu Sankt Lorenz hängt auch vom Gewölbe herab der Englische Gruß von Veit Stoß mit Figuren von 7 Fuß Höhe – aber im Sacke! Meister Krafts Basreliefs auf den Stationen nach St. Johannis Kirchhofe sind von gleicher Kraft. Diese Stationen ließ der Nürnberger Ketzel fertigen, genau nach dem Original zu Jerusalem, wovon er selbst das Maß genommen hatte, und da er es verlor, so reiste er zum zweitenmal nach Palästina 1488! Oft stand ich vor dem zweiten, wohlerhaltenen Basrelief, wo die Kriegsknechte hohnlächelnd auf den Heiland losschlagen wie in Stein verwandelte Teufel, und gedachte ähnlicher Szenen deutscher Kriegsknechte aus meiner Jugendzeit auf deutschen Paradeplätzen!

Herrlich ist das Grab Sankt Sebalds mit vielen Figuren von Messing, von Vischer nach Dürers Zeichnungen, und so auch das hölzerne Kreuz von Veit Stoß und der Taufstein, den K. Wenzel soll besudelt haben. Diese unziemliche Ausleerung setzte ihn in den Augen des Volks schon *ab ovo* in die Reihe derer, »die da täten, was dem Herrn übel gefiel«. In Adam Krafts Abendmahl sind die Apostel lauter damalige Ratsherren, mit Gesichtern voll Ausdruck, vorzüglich das runde Vollmondgesicht, das mit so viel Heißhunger das Osterlamm zerlegt wie den seltensten Braten! Und überall die herrlichsten gemalten Glasscheiben. Neben diese beiden gotischen Kirchen darf sich auch die neuere Egidienkirche stellen mit dem schönen Altarblatt van Dycks, und noch mehr die neueste deutsche Hauskirche, wenn sie vollendet wäre, ein Werk des Kanonikus von Lippert, ganz im

62

Die Euchariuskapelle zu St. Egidien in Nürnberg

italienischen Geschmack mit der stolzen Kuppel und dem vergoldeten Ordenskreuz.

Der schöne Brunnen, der nie aufgerichtet und bekanntlich unter die Abderitenstreiche des Rats gezählt wurde, 180 Zentner schwer, mit Neptun und seinem ganzen Hofe, 28 Fuß hoch und ebenso breit, ein Werk Schweigers, wurde für 66 000 Gulden nach Petersburg verkauft. Aber es gibt noch einen schönen Brunnen auf dem schönen Markte, dessen Größe durch die Reihe der stehenden Buden verkleinert wird, die stolze, jetzt ausgebesserte steinerne Pyramide mit einer Menge Figuren von alten Propheten und Helden, Heiden und Christen nebst den sieben Kurfürsten. Nicht minder schön ist der Brunnen vor der Sankt-Lorenz-Kirche, Jungfern-Brunnen genannt, obgleich gegen die Regel alle Jungfern daran aus ihren Brüsten Nasses von sich geben! Die oberste Figur ist die Gerechtigkeit, deren Waage aber stark beschädigt ist, und hinter ihr steht ein Kranich, das Symbol der Wachsamkeit – aber die Patrizier waren einmal keine Kraniche.

Der Markt ist schon allein interessant durch das herrliche Gemüse und die sogenannten grünen Weiber, die es verkaufen, die wahren Possardes der Nürnberger Welt. Die Erlanger Studenten versäumten ehemals nie, ihren Weg über den Markt zu nehmen, einige Körbe umzustoßen und die Kraftsprache dieser Weiber hinter sich herschallen zu lassen. Es ist eine Lust, den Blumenkohl, die Spargel und das Wurzelwerk zu sehen. Die Petersilienwurzeln sind hier so groß wie gelbe Rüben und so süß, daß sie eine Nationalspeise der Nürnberger sind; Petersilienwurzel und Rindfleisch, hier Peiterlesflasch genannt, habe ich nie verschmäht. Am lustigsten ist der Markt Sankt-Thomas-Tag vor Weihnachten, denn da ist der Kindl-Markt!

Die Heiligen Sebaldus und Laurentius waren und sind die Schutzpatrone Nürnbergs. Sebaldus soll als Bekehrer der hiesigen Heiden mit Bonifatius nach Deutschland gekommen und Bruder Ewald geheißen haben; nach andern aber war er ein

deutscher Einsiedler, Säwald, und ein Nürnberger Knoblochs-
bauer. Nach der Sage machte er einem Bauern, der seine verirr-
ten Ochsen in der Nacht nicht finden konnte und ihn anrief, die
zehn Finger leuchten wie zehn Laternen, und da man ihm kein
Feuer anmachen wollte, holte er sich vom Dache – Schindeln? –
nein! die ersten besten Eiszapfen und machte damit das schönste
Feuer. Folglich war er ein Heiliger *comme il faut*. Noch nach seinem Hintritt schlug er einem naseweisen Mönch, der ihn am Bart
zupfte, ein Auge aus, und drei aus seiner Kapelle gestohlene Op-
ferkuchen verwandelte er in Stein, wie denn auch einer dieser
Steinkuchen in der Kirche aufgehängt ist und schwerlich wird
gestohlen werden!

Weit höflicher war Sankt Laurentius und daher auch weit geeigneter zum Patron der so höflichen Nürnberger. Er erinnerte
die Henker, die ihn auf dem eisernen Roste braten ließen, daß es
nun Zeit sei, ihn auf die andere Seite zu wenden, denn auf der einen sei er nun gar! Sollte es daher rühren, daß die Norddeutschen von einem tiefen Bückling sagen: »eenen krummen Lorenz maaken«?

Das herrliche Zeughaus ist nicht von den Franzosen, sondern
von den Österreichern 1796 fast ganz ausgeleert worden. Die
Idee war nicht übel, am Eingang Karl XII. sitzen zu lassen, den
ich noch vor mir sehe, ganz in seinem Kostüm, obgleich das
friedlichste aller Zeughäuser eben nicht zu seinem Charakter
paßte. Das Zeughaus war reich, eine Menge Kanonen, Flinten
und Säbel, die Stadt hatte Bastionen und Türme mit Kanonen
und doppelte Mauern, und doch wagte man es schon im Sieben-
jährigen Kriege nicht, sich gegen ein Streifkorps zu verteidigen!
Ob die Kugel von 375 Pfund noch da ist, die K. August III. mit einer Hand in die Höhe hob, weiß ich so wenig als wohin unsere
Reichskleinodien gekommen sind. Liebhaber der Kronschätze
können bei dem Polygraphen, Polyglotten und Mikrologen von
Mure, der solche mit pomphafter Ausführlichkeit und mit der

Der Marktplatz in Nürnberg mit dem Schönen Brunnen und der Frauenkirche

ganzen Devotion alter Gelehrter beschrieben hat, das Weitere finden.

Wo ist das Schwert Karls des Großen, seine Dalmatika, Alba, Stola, Pluvial, Handschuhe, Strümpfe, Schuhe, Gürtel, alle mit Perlen und Edelsteinen reich besetzt? Wo das große goldene Kreuz, die Reichskrone, das Reichszepter und der Reichsapfel, der aber nicht massiv, sondern mit Pech ausgefüllt war? *(Male omen.)* Wo sind die sogenannten Reichsheiligtümer und Reliquien, unter denen der Speer mit dem heiligen Nagel obenan stand? Der Wein, darin unsers Herrgotts Speer gesteckt, wie die Chronik sagt, war gut gegen Seitenstechen! Wo sind alle diese Siebensachen und die alte Pracht des heiligen römischen Reichs? *Vanitas et omnia vanitas!*

Interessant ist die Feste oder die alte Burg schon wegen ihres Altertums, die Wohnung manches Kaisers sowie der alten Burggrafen. Die Feste ist ganz auf Felsen gebaut, uralt sind ihre Mauern und Türme, der runde Turm, der Lueg ins Land und der fünfeckige Turm, der vom Jahr 1367 sein soll; aber die alten Linden sind abgestanden. Joseph stieg auch herauf, sah die kleinen schlechten Zimmer mit ebenso schlechten Mobilien und Bildern, ließ den gelbwollenen Vorhang eines Kaiserbettes durch die Hand laufen und sagte: »Wir haben mehr als die Alten, aber sie waren genügsamer, und so doch reicher!« Die Hauptsache ist die schöne Aussicht, daher auch jeden Sonnabend im sogenannten Zwinger zahlreiche Gesellschaft und Musik der Garnison angetroffen wird. In dieser flachen Sandgegend erwartet man diese Aussicht nicht – der entfernteste Punkt ist die zerstörte Feste Rothenberg, sonst das bayrische Spandau. Mein Führer machte mich auf alles aufmerksam und wiederholte mehrmals: »Es ist etwas Überaußes!«

Unter die Merkwürdigkeiten gehören denn auch die Spuren des Hufschlages im Graben, die der berüchtigte Eppelin von Gailing machte, als er über den Stadtgraben wegsetzte. Dieser

Placker drangsalierte das gute Nürnberg so sehr wie Götz von Berlichingen, am meisten jedoch die Burggrafen, nachdem sie Markgrafen von Brandenburg geworden waren. Der erste dieser Burggrafen war ein Konrad von Hohenzollern, und was dieses Haus in seinem Burggrafenamte alles zu finden wußte, ist sattsam bekannt. Die Nürnberger unterließen zwar nie, bei jedem neuen Eingriff zu husten und zu protestieren, es kam aber dabei weiter nichts heraus als das Sprichwort: »Mitnichten, sagen die Herren von Nürnberg.« Woher aber ein zweites Sprichwort stammt: »Die Nürnberger hängen keinen, sie hätten ihn denn vor«, weiß ich nicht. Es muß älter sein als die erbauliche Sitte des Aufhängens *in effigio*, denn die Nürnberger hatten nie Mangel an guten Malern und auch an echten Galgen-Malern!

Auf der Burg ist nun eine Bildergalerie, teils aus Gemälden bestehend, die man vom Rathause und den Kirchen hierher brachte, teils aus solchen, die von München kamen, gegen bessere, die nach der Hauptstadt wanderten. Dürers Adam und Eva ist das erste Stück, nach dem gefragt wird. Ich weiß nicht, ob es dasselbe Stück ist, worauf wir die Hyperbel haben:

Angelus hos cernens miratur, dixit ab horto
  non ita formosos hos ego depuleram –

aber ich kann nicht die Meinung des Engels teilen. Dieser Urvater und diese Urmutter Dürers sind so hölzern wie andere altdeutsche Adams und Evas, die ein Lieblingsgegenstand der Kunst waren, so hölzern, daß P. Pindars Epigramm, welches er auf Wests Adam und Eva schleuderte, auf alle paßt:

Adam and Eve their fate how odd
  and cruel too, I do protest:
  kin'd out of Paradise by God
  and murder'd afterwards by West!

70

Einige Altarflügel von Dürer und Wolgemut schienen mir noch interessanter – und einige Sandrarts. Guercinos Katharina, Solimenos Alexander vor der Familie des Darius und Scipios Enthaltsamkeit, eine heilige Magdalena von Schalken, Cranachs Venus, Köpfe von Kupetzky, Snyders Tierstücke und einige treffliche Landschaften von Schönberger verdienen Auszeichnung, wenn auch das Ganze Ausschuß ist wie zu Augsburg. Wenn ich das *Ars longa, vita brevis* bedenke, gefällt mir manches. Viele Jünger der Kunst, an der Kunst in ihnen verzweifelnd vor großen Mustern, haben schon so gut als jener Gascogner, der Tambour wurde und sagte, er habe die Malerei gegen die Musik vertauscht, Pinsel und Meißel weggeworfen. Nur der ist Künstler, der da kann! Aber wie viele bedeutende Stellen im Staate wären leer, wenn man da auch so dächte und nicht die Besoldung im Auge behielte! Mein alter Cicerone in der Galerie hatte auch noch einen kleinen Privatvorrat von Bildern und machte mich auf ihr schönes Incrustet (Incarnat) aufmerksam, vorzüglich aber auf einige »Bataillen-Gefechte«!

Die Pegnitz teilt die Stadt in die Sankt-Sebalder- und Sankt-Lorenzer-Seite, und unter den sieben Brücken ist die sogenannte ABC-Brücke (von den 24 mit Buchstaben bezeichneten, hier gestandenen Buden) und die Fleischerbrücke die schönste. Diese hat gleich dem Rialto Venedigs nur einen Bogen, und der gut geratene steinerne Ochs in Lebensgröße mit der Inschrift »hic Bos nunquam fuit Vitulus« hat den Nürnberger Witz ins Geschrei gebracht. Dieser Ochs ist ein Wahrzeichen der Stadt wie der Ring am schönen Brunnen, der unter den vielen Ringen sich allein herumdrehen läßt. Ein noch mystischeres und beliebteres Wahrzeichen war das Freskogemälde einer Riesin, die einen kleinen Schuster an einen Ort steckt, wohin manche zur Zeit der Douaniers am Rhein Kaffee und Zucker steckten. Zur Zeit des so beliebten Deutschfranzosen existierte diese öffentliche Obszönität noch vollkommen, denn er sagt:

Nock en Warsig is an ander Aus kemahl,
wie en klein Schuster sik bei Riesenfrau verfall,
als er nahm Maaß su Schu, er bück sich an ihr Leib
da thu sein ganse Kop und Arm drinn stecken bleib!

Nürnberg könnte man in einer Stunde umgehen, und zwar seit den neuen Anlagen im Schatten, wenn der Weg nicht am Wöhrder Tor abbräche und man dann einen großen Umweg durch die Vorstadt Wöhrd machen müßte, um wieder zum Frauentor zu gelangen. Es ist schade! Die alten Mauern und Türme sind so interessant, daß man gerne in ihrer Nähe bleiben möchte, aber die Sache hat Schwierigkeiten; man müßte nicht nur Gartenbesitzer entschädigen, sondern auch eine Brücke über die Pegnitz führen, und das *aerarium* hat nötigere Ausgaben. Die vier Riesentürme wiegen allein hundert andere Türme auf, vor denen ich nie vorübergehen kann, ohne stehenzubleiben und ihnen mein Kompliment zu machen. Die Insel Schütt (wohin sonst aller Schutt gebracht wurde) ist jetzt Paradeplatz und angenehmer Spaziergang mit Alleen und einem Wildbad; die Plätze vor den Kirchen Sankt Lorenz und Sankt Jakob, gegenüber der Kaserne (sonst deutsches Haus), sind gleichfalls geräumt und mit Bäumen besetzt, die alten Chörlein an den Häusern und die vielen Buden in den Straßen hinweggeräumt – überhaupt das alte Nürnberg unter Bayern so heiter geworden wie das bayrische Himmelblau.

Nürnberg war übrigens in Hinsicht der Reinlichkeit stets holländischer Natur, die Frauen stöbern wenigstens einmal in der Woche das ganze Haus von oben bis unten, könnten aber den weißen Sand allenfalls weglassen. Sie haben ihre Prunkzimmer, von denen nur bei großen Gelegenheiten Gebrauch gemacht wird, die Straßen sind sehr reinlich, und ihre vornehmeren Schwestern Hamburg und Frankfurt könnten hier manches lernen. Diese Reinlichkeit scheint so charakteristisch wie eine gewisse Nürnberger Physiognomie, die sich in einem länglichen

Gesicht zeigt neben schlechtem Zahnwerk (sollten an diesem die Lebküchler und Zuckerbäcker schuld sein und an jenem die Patrizier? Man sagt von der Bestürzung, daß sie lange Gesichter mache). Bei schlechtem Zahnwerk zeigt man nicht gern die Zähne und hat noch weniger Haare darauf – dafür wird auch in jener Welt weniger Zähneklappern sein. Die Nürnberger haben einmal vor andern Reichsstädten eine gewisse Stadtphysiognomie, die sich in einem gewissen *je ne sais quoi* ausspricht, das aber öfters gesehen werden will. In dem lebendigeren Hamburg und Frankfurt ist schon alles vermischter, vielleicht tritt auch der Fall in Nürnberg ein, bei der starken Garnison, und es geht ein Mittelschlag hervor aus den bayrischen Rundköpfen und den nürnbergischen Langköpfen.

In Nürnberg stieß ich auf ein Cappadoum, Herzgäßlein, Katzenberglein, Hundsgäßlein und Kehrum (eine nicht üble Benennung für *Cul de sac*), ich stieß auf eine Mausefalle, Sausackhof, Wespennest und Kindlesfresser – es waren hier Ungeheuer angemalt, die Kinder aus der Tasche fraßen, als wären es Lebkuchen. Einige Wein- und Bierschenken heißen zum Löchlein, gläsernen Himmel, nackenden Bauch, goldenen Laus, Ofenloch, Himmelsleiter, Mondschein, zur Gerechtigkeit etc. Dafür gibt es aber auch jetzt eine Tucher-, Dürer-, Hans-Sachs- und Grübelsgasse so gut als zu Paris einen Quai Voltaire und Straßen Rousseau, Molière, Corneille, Racine, Bouffon etc. Auf dem Saumärkt (Trödelmarkt) kann man auch Gemälde, Kupferstiche und alte Bücher kaufen, und hier ist auch eine kleine Wirtschaft zum Schiffchen, vom Volk genannt zur H . . .f . . .!

Unter den Gasthöfen behauptet das rote Roß noch immer den ersten Rang, das ehemalige Bitterholz aber hat sich in den bayerischen Hof umgewandelt, der mit dem Roß rivalisieren darf. Ich traf hier stets treffliche Gesellschaft, in der ich mir besser gefiel als in der alten guten Gesellschaft des Bitterholzes oder des steifen Corps diplomatique des fränkischen Kreises – mit größern

Ansprüchen, als alle Gesandten zu Wien und Berlin zu machen pflegen. Kein Wunder, habe ich doch Kreisberichte gelesen, wo nicht nur viel vom sich Hergeben die Rede war, sondern auch von den hohen Kommittenten gesagt wurde, daß man zwar noch manches wisse, aber noch zur Zeit untertänig nicht von sich geben dürfe! Diese stolzen Berichterstatter hielten sich für große Männer, taten aber weit geheimer als große Männer, daher ich unter das Bildnis eines solchen schrieb: Apokalypse XVII, 5. Manche taten selbst mit Dingen geheim, die schon in der Zeitung stunden, und waren echte Gegenstücke zu dem sardinischen Minister Graf Vitry, von dem sein Sekretär, als man sich nach des Grafen Befinden erkundigte, wo er schon tot war, schrieb: »Se. Exzellenz sind nicht mehr am Leben, wollen aber nicht, daß man es wisse.«

Nürnberg, das nach Wien das erste Kaffeehaus in Deutschland hatte, zählt deren nur drei, und nicht von besonderer Eleganz, dafür aber gegen 400 Wein- und Bierhäuser. In diesen Bierhäusern ist das Rinnerl stets besetzt, und im Mondschein (von einem Wirtsschild-Maler wird man nicht die Kunst eines van der Neer verlangen) zu Gostenhof traf ich die Gesellschaft in solchen Rauchwolken, daß ich, wie der Kaiser zu Frankfurt, meinen Freund suchend, rufen mußte: »Ist kein Dalberg da?« Er erkannte meine Stimme und trat aus dem Nebel. Der Wirt zum Schmalzkübel, wo der Erlanger Wagen abgeht, hat seinen unästhetischen Kübel in einen goldenen Anker verwandelt, von dem ich wünsche, daß er fest halte, und vergessen darf ich nicht meinen so gefälligen und billigen Gastwirt zum wilden Mann, Herrn Poststallmeister Eckart, der alle seine Postillions zu Virtuosen bildet, daß es eine Lust ist, mit ihnen durch die Wälder zu fahren; dafür kann man sich ja im Schlafzimmer etwas gefallen lassen, wenn sie gerade ein neues Stückchen einprobieren!

Nie ging ich um Nürnbergs Mauern, ohne bei der Schwedenschanze zu weilen, wo Gustav und Wallenstein sich so lange ge-

Der St. Johanniskirchhof bei Nürnberg

genüberstanden, ohne es zu wagen, und Wallenstein soll über 15 000 Weiber im Lager gehabt haben, weil er mit Cäsar glaubte, daß die liederlichsten Soldaten sich am besten schlügen, und überhaupt von Soldatenfreiheiten Ideen hatte, die Gott sei Dank unsere Zeiten nicht mehr haben. Und so verließ ich auch nie die Stadt, ohne mir zu St. Johann ein *memento mori* mitzunehmen. Der Gottesacker ist reich an Monumenten, meist mit schönen Wappen von Bronze versehen; mein Besuch galt aber zunächst dem Raphael der Deutschen, Dürer, Sandrart, der durch seine Akademie so viel zum bessern Kunstgeschmack beitrug, und Hans Sachs, der uns soviel als Chaucer und Marot wäre, wenn er nicht auch Schuhe gemacht hätte. Von Sandrarts Grabe schrieb ich mir doch die Inschrift ab:

Liberos nullos, sed libros plures reliquit,
  cum et liberis et libris aeternitas propagetur!

Überall lasten ungeheure Steine auf den Gräbern, und die Nürnberger müssen notwendig, wenn die letzte Posaune erschallt, später vor Gericht kommen als wir andern – die Patrizier werden ohnehin nicht eilen!

Es macht mir stets Freude, den Fleiß der Nürnberger zu sehen, und wie mag es erst da gewesen sein, wo der Welthandel über Nürnberg ging und die Stadt im Verhältnis stand zu den Bewohnern! Die Menge alter Ratsbefehle gegen Kleiderluxus, Kutschenfahren, Schmausereien etc. beweisen den alten Wohlstand. Noch blühen aber viele Fabriken, noch gibt es Speditions-, Kommissions- und Wechselgeschäfte, und noch gehen die sogenannten kurzen Waren in alle Welt. Einige Kaufleute schienen sich im Titel »Rat« zu gefallen, und es ist wirklich sonderbar, welch eigene Reize für deutsche Ohren dieses Wörtlein hat, selbst für Männer des Kaufmannsstandes, die ein Dutzend schlechtbesoldeter wirklicher Räte auslachen könnten! Ich unterhielt mich auch lange mit einem Mann, genannt Herr Major (von der Landwehr), über Kriegsgeschichten, merkte Unrat und erfuhr, daß es ein auswärtiger Apotheker sei.

Es ist ein unterhaltendes Schauspiel, selbst die kleinsten Kinder in den Quincaillerie-Werkstätten arbeiten zu sehen, und Farben, Puppen, Brummeisen, Kaffeemühlen, bleierne Soldaten etc. sind keine unbedeutenden Artikel. Unbegreiflich ist die Wohlfeilheit des Nürnberger Tandes aus erster Hand, und unsere Landkrämer müssen mehr als jüdischen Profit daran haben. Noch hat Nürnberg bedeutendere Künstler als Augsburg, und die Campeschen Schlachtenstücke à 6 kr. und gemalt à 12 kr. immer besser als die Augsburger Heiligen, müssen mehr eingetragen haben als die Kunsthandlung Frauenholz, die kein Reisender unbesucht lassen sollte. Fembos Landkarten sind besser als die seines Vorgängers Homann, und auf jeden Fall besser als die Augsburger. Indessen behält Homann seine Verdienste, und was kann man von Karten verlangen, die 10–12 kr. kosteten? Andere lassen sich jetzt weit mehr zahlen, aber solange Karten fabrikmäßig behandelt werden, werden sie nur insofern unverbesserlich sein, als sie nicht verbessert werden können, ohne neu gemacht zu werden!

Bestelmeyers Magazin nächst dem Museum ist ein wahrer Tempel des Modegeschmacks, im Nürnberger Stil allerdings, aber im guten Sinne. Man kann hier alles haben und muß in der Tat den Nürnberger Kunstfleiß bewundern. Noch heute gelten die Messingarbeiten Nürnbergs und deren mathematische Instrumente für die besten. Nürnberg ist auch eine wahre Büchergrube, häufig sind hier Bücherauktionen, und die Preise sind billiger denn anderwärts. Sonst gab es hier eine eigene Zunft der Altmacher – was ist das? Es waren die Schuhflicker, die jetzt mit den Schuhmachern nur eine Zunft ausmachen. Mancher Alter und manche Alte wünschen, daß die Nürnberger Altweiber- und Altmänner-Mühle kein Märchen wäre; unsere Jugend aber versteht das Handwerk der Altmacher, ohne zünftig zu sein, und scheint die Nürnberger verkehrte Welt vollkommen einstudiert zu haben.

Noch hämmern und klopfen die berühmten Rußigen (Fuliginosi), die Arbeiter in Feuer und Metall, einst gefürchteter als die Nürnberger regulierten Truppen, gefürchtet selbst von den Patriziern wie die Prätorianer von den Cäsaren. Sie fielen auch Max I. Kaiserliche Majestät, die während eines Reichstags 8000 Gulden Schulden zu machen geruhten, in Zügel, als Allerhöchstdieselben zum Tor hinaus wollten, und hätten vielleicht besser getan, ihren Patriziern in Zügel zu fallen. In den 1790er Jahren taten Frankfurter Wagner und Sattler ein Gleiches, als einer der kleinen Regenten mit Dero unbezahlten Wagen sich skissieren wollten. Der *Plebs Deorum* entrüstet sich in der Regel, wenn der Handwerksmann mit dem *Laus Deo* kommt: »Glaubt Er, daß ich davonlaufen werde?« – »Das eben nicht, Ew. Gnaden! Aber wenn es alle so machen, muß *ich* davonlaufen!« Nur wo der Meister »gehorsamst bezahlt« schreiben kann, hat das Handwerk goldenen Boden!

Die Nürnberger Industrie erstreckt sich bis auf die Singvögel. Man hört in allen Straßen Vögel, und sitzende Handwerker geben sich mit deren Erziehung ab. Die Vogelhändler aus Tirol und Schwaben rekrutieren sich hier, und schon sind manches Jahr an 10 000 Stück nach Holland und England, nach der Türkei und dem Norden gewandert. Die armen zarten Tierchen verunglücken leicht auf der Reise schon oder sterben in Holland an Nässe, in England am Steinkohlendampf, in den Harems an Hitze und im Norden an Kälte. Bei uns bekommen sie Hanfsamen, im Norden und der Türkei nur Waldsamen, vielleicht sterben sie auch daran, und die Händler können sich's gefallen lassen. Catalani sang auch zu Nürnberg, und nun gab es Catalani-Kuchen wohlfeiler als Madame. Die alten Kaiser nannten Nürnberg »Unseres und des Reichs Bienengarten« (unfigürlich, ehe der Zucker den

Honig verdrängte, der sich jedoch in den Lebkuchen zu erhalten wußte), und es ist noch heute ein Bienengarten emsiger Bewohner, denen Bayern nicht so viel Honig nimmt als die Patrizier, die den Grundsatz hatten: »Nehmen ist seliger als Geben«, und wußten, daß Wohltaten nur Undankbare machen!

Die alte Reichsstadt ist natürlich nicht regelmäßig und hat gar viele winklige, enge und bucklige Straßen, aber die meisten Häuser sind massiv und recht ansehnlich und beschämen gar viele neuerbaute Häuser in den vergrößerten Hauptstädten Deutschlands. Der Markt ist ein Platz, wie Wien keinen hat, mit der bunten Frauenkirche, an deren schönem Portale das sogenannte Männleinlaufen ist, das heißt um 12 Uhr defiliereten sonst die sieben Kurfürsten vor dem Kaiser, und da Kaiser und Kurfürsten nicht mehr sind, so brauchen mit Recht die Männlein auch nicht mehr laufen. Dafür kann man auf dem ganz nahen Gänse- und Fischmarkt den bronzenen Gänsemann auf dem Brunnen betrachten, der köstlich ist. Der Egidien-, Maximilians- und St.-Jakobsplatz sind eben nicht klein, und die Königs-, Ludwigs-, Karolinen-, Adler- und Lauferstraßen darf man immer schöne Straßen nennen. Dem guten Nürnberg ist auch in diesem Punkte Unrecht geschehen. Die Stadt hat reiche Armenstiftungen, wodurch sich alle unsere Reichsstädte auszeichnen. Hatten sie mehr oder weniger? Die Hauptursache war das in Deutschland seltene Götterkind *Gemeingeist* und *Vaterlandsliebe*!

Pöllnitz nannte die Nürnberger *les plus terribles complimenteurs qu'il connaît*. Sie sind noch höfliche Leute, und ihre Höflichkeit ist nicht Maske, sondern auf Gemütlichkeit gegründet, aber das Übertriebene hat aufgehört. Noch vor 40 Jahren gehörte es auch an andern Orten zum *bon ton*, jede Gelegenheit zu ergreifen, wo man etwas Schmeichelhaftes anbringen konnte. Die nähere Bekanntschaft mit den Briten und überhaupt mehr Weltverkehr brachte die abgeschmackte Sitte ins Fallen, so wie auch die italienische Weitschweifigkeit in Schriften aufhörte, als briti-

Hof im Kraftischen Haus zu Nürnberg

sche Literatur unter uns gemeiner wurde. Offenbar zu höflich aber war noch zu meiner Zeit der junge Patrizier zu Erlangen, den die markgräfliche Witwe daselbst fragte: »Und wo sind Sie her?« – Ach, Ew. Durchlaucht, ich bin gar nicht weit her – von Nürnberg!«

Übertriebene und lästige Höflichkeit fand sich in allen unsern weiland Reichsstädten; je kleiner die Stadt, desto größer die Komplimente. Frankfurt will ich etwa ausgenommen haben, und nie habe ich über norddeutsche Komplimente Klage vernommen. Ungemein ergötzte mich ein Senator von Halle, der sich einer Frau näherte, mit der ich gerade in lebhaftester Unterhaltung war. Er begann mit dem größten Vergnügen, das er empfinde, zu hören, sie sei die Gattin seines vertrautesten Universitätsfreundes, dann ging er über auf das Lob seines Freundes, noch enthusiastischer ward er beim Lobe der Schönheit, die seinem Freunde zuteil geworden sei, es folgten noch einige akademische Geschichtchen, und zuletzt kam es heraus, daß er gerne mit ihr ein Menuett tanzen wollte. *Que de choses dans un menuet!* Dies war im Jahr 1792, aber noch im Jahr 1825 grüßten mich zu Rothenburg an der Tauber aus dem Erdgeschosse Weiber und Mädchen: »Ich befehle mich gehorsamst«, daß ich beinahe auf unreine Gedanken gekommen wäre, ja selbst alte Männer grüßten aus dem obersten Stock und mußten bei den kleinen Fensterchen erst wieder den Kopf in der Stube haben, um vom Leder – oder ihre Mützen – ziehen zu können. So sagte der persische Gesandte zu London bei den Klagen seines Gefolges über Mangel an Sonne in Gegenwart Pitts, der sehr hager war und ein gemeines, widriges Gesicht hatte: »Was brauchen wir die Sonne, wenn wir das strahlende Angesicht Sr. Herrlichkeit sehen können!« Und ein anderer Perser bat zu Teheran den französischen Gesandten um Verzeihung – wegen des schlimmen Wetters! Das sind nun orientalische Höflichkeiten, und doch werden sie noch von okzidentalischen heruntergestochen vom Herzog von Ormond, der in den letzten Zügen seinen Freund um Vergebung bat, daß er Gesichter schneide. Der Freund war des Freundes würdig und erwiderte: »Genieren Sie sich ja nicht um meinetwillen!«

Verschwunden sind jetzt zu Nürnberg solche steife Höflichkeiten wie auch die alten lustigen Aufzüge, das Schönbartlaufen und andere Festlichkeiten. Es herrscht ein recht angenehmes geselliges Leben und eine Wohlfeilheit, die mir oft aufgefallen ist, wie die Anlagen zum Witz. Es herrscht hier noch, wie zu Ulm und Augsburg auch, eine Redlichkeit, die anderwärts längst verschwunden ist, selbst in andern weiland Reichsstädten, und die sie wohl schwäbische Einfalt nennen. Das Volk ist einfach, genügsam, gutmütig, heiter, zuvorkommend gegen den Fremdling, und das schöne Geschlecht gut gebildet, sanft, lustig und dennoch sittsam; die schüchterne Jungfräulichkeit fällt auf, wenn man sie mit einer ihrer reicheren Schwestern vergleicht, voll kühnen musternden Blickes wie Französinnen. Nirgendwo herrscht weniger Luxus. Ob die Nürnberger die Sparsamkeit so weit treiben, daß sie gleich Italienern schlafen gingen ohne Hemd, weiß ich nicht. Blainville aber erzählt, daß eine plötzlich erkrankte Frau die Magd nachts nach dem Beichtvater schickte, diese eiligst bloß den Unterrock überstürzte, die Laterne nahm und ging. Ein Regen zwang sie, den Unterrock über den Kopf zu nehmen, und das Husten und Brummen des ihr folgenden Beichtvaters veranlaßten sie zu fragen: »Sehen Ew. Hochwürden auch was?« worauf die verdrüßliche Antwort folgte: »Mehr als zuviel! Unflat!«

Die bedrängteste Lage Nürnbergs war im Jahr 1796, wo mich gerade Geschäfte am längsten hinhielten. Franzosen quälten die Stadt von innen und von außen die Preußen, denen sie sich auch, weil man wollte, in die Arme warf. Nie sah ich einen komischeren militärischen Kontrast! Langgestreckte, aufgeputzte Preußen schritten gravitätisch vor den Toren auf und ab.

84

Hof im Tucherischen Haus zu Nürnberg

Unter den Toren trieben kleine luftige unreinliche Franzmänner ihr Wesen, zerlumpt wie alte Regimentsfahnen, die viel dabei
gewesen. Innerhalb der Tore stand die höchst unsoldatische
Stadtwache, niedergedrückt von der Last der Jahre, in schildbür-
gerlichen Waffen und Kleidung, die Nachtmütze unter dem Hut,
einen gerosteten Säbel an der Seite und eine Flinte auf der Schul-
ter, noch aus den Zeiten der Feuergewehrerfindung – das lebendige Bild des ewigen Friedens!

»Will sich der Hund richten!« Ja! da hat sich was zu richten,
wenn selbst der Knochenbau sich zur Erde richtet, da wird man
so demütig wie der Stadtsoldat, dem ein Erlanger Student ein
barsches »Wer da?« zurief. Der Stadtsóldat schulterte und ant-
wortete: »Stadtsoldat!« Ein solcher armer Teufel war es, dem
ein anderer, der nicht gerne seinen Namen spendieren wollte, bei
der Frage: »Um Vergebung, wer sind Sie?« traulich die Hand
schüttelte: »Ach Gott! Lebt Er auch noch? Wie mich's freut, Ihn
wiederzusehen! Weiß Er noch« – und so war der Fremdling in
der Stadt, und der Stadtsoldat, befragt, wer das gewesen sei, sagte voll Freude: »Der Herr kannte mich noch recht gut, aber ich
kann mich nicht auf ihn besinnen!«

Öffentliche Vergnügungsorte um Nürnberg sind die Haller-
wiese, St. Peter, Hummelstein, die Vorstadt Wöhrd (wo ein gro-
ßes Schiff mit kleinen Kanonen Wirtsschuld ist, und an der Kirmes feuert dieses Schiff mit seinen Kanonen), Gostenhof,
Schweinau, das aber recht reinlich ist, der Dutzendteich, wo man
gerade kein volles Dutzend Teiche erwarten wird, und Fürth.
Das heitere, angenehme Fürth, eine Stunde (Furt über die Regnitz und Pegnitz), mit 13 000 Seelen, wohin jetzt statt des sonsti-
gen Sandweges eine mit Bäumen besetzte Kunststraße führt, ist
eine echte Fabrikstadt, die ihre Aufnahme lediglich den Mißgrif-
fen Nürnbergs verdankt und den alten harten Strafen fleischli-
cher Vergehungen. Kein Geselle konnte zu Nürnberg Meister
werden, der sich mit einem Mädchen vergangen hatte, während

sich die Gesetzgeber selbst so gütlich vergingen an Land und Leuten! Wäre es so fortgegangen, hätte man bald Fürth bei Nürnberg schreiben mögen, was jedoch die Nürnberger weniger übelgenommen hätten als die Offenbacher, wenn man schreibt: Offenbach bei Frankfurt!

Fürths vollkommenes Aufblühen verhinderten die ewigen Territorial-Streitigkeiten zwischen Ansbach, Bamberg und Nürnberg, die nun durch Bayern auf immer entschieden sind. Die Fürther Kirchweihe von 14 Tagen ist eigentlich eine Messe, deren Schutz sich vormals Bamberg anmaßte und trotz des Widerspruchs von seiten Brandenburgs im Besitze war. Sechs bischöfliche Soldaten aus der Forchheimer Garnison eröffneten stets die Messe, marschierten martialisch um den Maien unter Anführung des Beamten, der Frieden gebot im Namen des hochwürdigsten Domkapitels und dann ein dreimaliges Lauffeuer machen ließ, das uns Erlanger Studenten mehr amüsierte als alles, mehr als das Feuer eines ganzen K. K. Grenadier-Bataillons am Fronleichnamstage zu Wien. Von jener Dreiherrschaft rührt das Fürther Wappen, drei Kleeblätter an einem Stiel, und dies war auch die einige Dreiheit in Einheit. Die Polizei kannte man gar nicht unter jener Vielherrschaft, und so boten Juden ganz ungescheut Mädchen an wie andere Ware, und Fürth war für Erlangen so gefährlich wie Kassel für Göttingen!

Fürth hat treffliche Spiegelfabriken und Baumwollmanufakturen, eine Menge Dreher, Tischler und Zinngießer, Kaffeemühlen werden in ungeheurer Zahl gefertigt und Scheindukaten nach Millionen. Die Gold- und Silber- und andere bunten Papiere machen den Kindern viel Freude, während weiße Papiere den Erwachsenen oft so viel Ärger machen. Zu Fürth wohnt auch der stärkste Bücherantiquar Heerdegen, ein ehemaliger Schuster, der sich wie Hans Sachs in die Literatur warf, jedoch bloß merkantilisch wie die meisten Buchhändler auch. Er hat sich gleich den weiland Kreisexzellenzen und Nürnberger Gastwirten in

Kanalhafen bei Nürnberg

Kupfer stechen lassen, denn diese Verewigung kostet zu Nürnberg eine Kleinigkeit, scheint aber doch einen gewissen Dünkel zu begünstigen. Viele Nürnberger fahren heraus nach Fürth, um von Israel Waren zu kaufen, die sie um einige Kreuzer wohlfeiler erhalten als in der Stadt, und vielleicht schlechter, und darüber vergessen sie die Zeche im Brandenburger Hofe!

In Fürth
  gibt's nichts denn Juden und Wirt,
  und wer nicht gesehen hat Juden und Wirt,
  ist nicht gewesen in Fürth!

Viele Reisende haben von 7000 bis 8000 Juden gesprochen, so, daß Frankfurt verhältnismäßig 30 000 haben müßte; aber es sind ihrer zu Fürth nicht mehr denn 2500 bis 2600. Juden sind wie Franzosen, stets lebendig. Eine Kompanie Franzosen nach dem anstrengendsten Marsch macht im Quartier mehr Lärm als ein ganzes Regiment Österreicher. Übrigens ist es historisch unrichtig, daß die 1498 aus Nürnberg auf einige Zeit verjagten Juden sich hier angesiedelt haben. Sie fanden Aufnahme in Frankfurt, und erst 1528 erhielt der erste Jude in Fürth Aufnahme, wofür er jährlich an Brandenburg 300 Gulden Schutzgeld zahlen mußte! Jetzt haben sie hier – ein kleines Jerusalem! – geistliche und weltliche Gerichte, drei Schulen, eine Hochschule, Spital und sogar etwas, was das alte prächtige Jerusalem, die Stadt Davids und Salomos, nicht hatte: eine Druckerei. An Pharisäern fehlt es auch jetzt nicht, und mancher Christ, der sich mit ihnen einläßt, wird zwar von ihnen nicht gekreuzigt, kreuzigt sich aber schon selbst. Die Juden bleiben stets ein besonderes, nicht uninteressantes Völkchen. Von ihnen stammen viele unserer Gesetze, Gebräuche und die ganze Religion, und im Grunde sind wir ja selbst, wie Voltaire wenigstens meinte, weiter nichts als Juden *avec prépuce*! Der Segen Jakobs ruht auf Fürth, und der Befehl Jehovahs:

»Seid fruchtbar und mehret euch«, wird getreu befolgt, was auch der Fall bei den Gojim sein könnte, wenn sie so früh heirateten, so mäßig lebten und der Zwiebel und dem Knoblauch die ägyptische Ehre erzeigten, die ihnen Israel erzeigt.

Von Fürth kann man zur Abwechslung über Poppenreuth, auch ein Belustigungsort der Nürnberger, zurückkehren und sich in der alten Dorfkirche an einigen künstlerischen Anachronismen ergötzen. Der Bote, den die Gemahlin des Pontius Pilatus absandte, um ihren Mann vor ungerechtem Urteil zu warnen, führt auf seinem Schilde das Nürnberger Wappen, und einem der vier Evangelisten ließen Se. Hochwürden, der 1730 verstorbene Prediger Volland, bei der Renovierung ihr eigenes wertes Gesicht unterschieben, nebst ehrwürdiger Perücke! Das holländische Kirchengemälde »Abrahams Opfer« begeht keine größeren Anachronismen, wenn es dem Erzvater eine Pistole in die Hand gibt. Isaak kniet auf dem Holzstoß, Abraham ist im Abdrücken, aber ein Engel des Herrn aus den Wolken benetzt die Zündpfanne ganz in der Manier Gullivers, als er den Brand des kaiserlichen Palastes zu Liliput löschte!

Vergessen darf ich die jetzt aufgehobene Universität der Nürnberger nicht, Altdorf, wohin eben nicht der angenehmste Weg durch den Sand führt. Es war eine recht eigentliche Nürnberger Universität, wo meist Nürnberger studierten, gelockt durch Stipendien, selten hundert an der Zahl, und ungeheure Bierlümmel. Die Stadt von 2400 Seelen ist gar nicht unangenehm, und die Sophienquelle zu Grünsberg entzückte mich 1786 über die Maßen. Es ist auch gut, wenn man noch nichts gesehen hat, verlangt man wenig und ist mit allem zufrieden. Altdorf zählte unter seinen Gelehrten wackere Männer, und die Anstalten waren nicht schlecht; aber ist es nicht Schande, daß man die Schwarzische Bibliothek, meist Inkunabeln und Klassiker, nach England hat gehen lassen? Schlimm war der Burschenton, und ich konnte einen meiner akademischen Freunde und mich selbst nur dadurch vor

92

Verdrießlichkeiten retten, daß ich ihn für einen Magister ausgab, und er war auch ein wahrer *Magister orientalium,* im gemeinen Leben aber ein wahrer Stock, der als Landprediger starb. Kleine Universitäten taugen nichts, und von allen gilt, was Seneca von seiner Zeit sagt: *paucos annos inter studia et vitia, non aequa portione, dividimus.* Altdorf ist nun zum unbedeutenden Landstädtchen herabgesunken mit einem Schullehrer-Seminar, bleibt aber stets ein Beweis der alten Größe Nürnbergs und darf stolz darauf sein, daß es Leibniz zum *Dr. Juris utriusque* machte, den die Frau Dekanin der Leipziger Juristenfakultät abgewiesen hatte, weil er vergaß, ihr die Hand zu küssen!

Nürnberg ist eine meiner Lieblingsstädte, das altertümliche und doch so reinliche, das so sehr mißhandelte und doch so gute Nürnberg, das Bayern recht eigentlich erlöst hat. Nie verließ ich es ohne Wehmut, und nie sah ich es wieder ohne ein gewisses Gefühl von Heimischem. Nürnberg hätte mir deutsche Bundesstadt werden müssen! Es liegt in der Mitte von Deutschland – nicht so Frankfurt; es ist minder teuer und weniger geräuschvoll, die Nürnberger hätten die Gesandten auf den Händen getragen, statt durch Kaufmannsstolz die diplomatische Würde zu beeinträchtigen. Nürnberg wäre von neuem aufgeblüht, was Frankfurt nicht nötig hat, und Bayern hätte man leicht entschädigen können. Man denke sich den Fall, daß die Franzosen hereinbrechen – zu Nürnberg wären die Diplomaten mit einem Sprung in Böhmen! Nürnbergs Felder hätten mir die Roncalischen Felder werden müssen und die gute Stadt Deutschlands Zentralstadt, eine Teutona!

Gnadenberg bei Altdorf

Pillenreuth bei Nürnberg

Reise nach der Oberpfalz oder dem Regenkreis,nach Bayreuth und Hof

Nürnberg, die Hauptstadt Frankens, sendet nach allen Seiten seine Poststrahlen aus, und einer der stärksten, aber nicht schönsten geht nach Regensburg. Der zwölf Meilen lange Weg durch Sand und Tannenwälder hat nur wenig Reize. Durch den großen Sankt-Lorenzer-Wald kommt man nach Feucht, das wie eine Vorstadt Nürnbergs aussieht, und dann nach Postbauer und Deining. Hier fragten Jourdans Franzosen 1796 gierig nach dem Wege auf Wien, aber ein Wiener, Erzherzog Karl, zeichnete ihnen blutig die gerade entgegengesetzte Straße. Neumarkt ist ein artiges, gewerbsames Städtchen mit einem Schloß und einem von der Umgegend stark besuchten Bade; in geringer Ferne sind die Ruinen von Wolfstein, und dann kommt Daßwang und Schambach, Herrgotts und Heiligenbilder, Stroh und Schindelhäuser und der schlechteste Boden, bis man das Donautal erblickt und Regensburg. Die Lage der Stadt hat von dieser Seite ungemeine Ähnlichkeit mit Dresden, wenn man von Bautzen kommt, in der Nähe aber verschwindet die Täuschung. Es ist auffallend, wie sich mit jeder Station die Physiognomien verändern, weniger offen und geistig, je weiter man sich von Franken entfernt, selbst die Sprache wird schlechter!

Von Regensburg bei der Donaureise. Meine Reise geht durch die Oberpfalz nach Pilsen und Prag, die geradeste Linie nach Breslau. Ich konnte nicht begreifen, warum Reisende dahin den Umweg über Bayreuth, Sachsen und Lausnitz machen, machte also jenen Weg, ob man mir gleich auf der Nürnberger Post davon abriet, weil ich die Oberpfalz sehen und Böhmen auch von dieser Seite kennenlernen wollte. Nun aber verstehe ich vollkommen, warum Reisende das Sprichwort »eine gute Krümm ist nicht ümm« hier vorziehen. Mit acht Pferden fuhr ich aus Nürnberg – königlich –, der Postwagen brauchte so viele wegen des tiefen Sandes vor den Toren der Hauptstadt Frankens! Mitten in den weiten Nadelholzwäldern zeigen sich doch immer freundliche Landsitze der Nürnberger, freundliche Dörfer, Hopfenfelder in Menge und die Städtchen Lauf und Hersbruck. Die Stationen sind auf Dörfern, weil da die Postmeister zugleich ihre Pferde für die Landwirtschaft gebrauchen können, wie zu Rückershagen und Sittenbach, aber des Reisenden Wagen ist desto übler daran. Ich lernte hier auch nüchtern Bier trinken. Schon vor Hartmannshof fangen die untersetzten bayrischen Figuren an, die dicken Weiberröcke, die silbernen Westenknöpfe, schwarzlederne Hosen und das Bier-Phlegma. Ich konnte nichts herausbringen als Jo! Na! ganz kurz ausgesprochen.

Die sogenannte Oberpfalz (meist Regenkreis) im Gegensatz zur Unter- oder Rheinpfalz, einst von den Hohenstaufen an die Wittelsbacher verpfändet, fiel in der Teilung 1329 an die Rheinpfalz, kam aber wieder durch die Achtserklärung des Kurfürsten Friedrich V., des Winterkönigs, an Bayern und erst nach dem Teschner Frieden abermals zur Rheinpfalz. Ihr Umfang ist zu 130 Quadratmeilen mit 180 000 Seelen angenommen, meist Berg und Wald, denn der Böhmerwald und die Fichtelberge strecken weit hinein ihre Äste, daher die herrlichen Eisenwerke und Glashütten. Der Oberpfälzer ist weit fleißiger als der Bayer und allenthalben in Bayern zu finden; daher mag der alte Haß herrühren und die noch jetzt bemerkliche Abneigung des Altbayern gegen den Pfälzler. Dieser muß auch fleißiger sein auf seinem unfruchtbaren rauhen Boden und sich mit Kartoffeln begnügen, während der Niederbayer Weizenbrot ißt. »Ich habe nie einen Pfälzer gehört«, sagt Schultes, »der nicht etwas sänge, wenn er spricht, und wenn er Korn kauft, den Sack nicht mit den Zähnen offenhielte, was der Bayer nie tut!«

Sulzbach nimmt sich mit dem weißen Schlosse und der Wall-

100

Burgruine Hohenstein bei Hersbruck

fahrtskirche recht gut auf seinem Hügel aus, lag aber noch in Graus und Jammer, denn das Feuer hatte 1822 über hundert Häuser in Asche gelegt. Desto schöner ist die Stadt am Berge, die Hauptstadt Amberg mit 8000 Seelen. Die Vils teilt die freundliche, gut gebaute Stadt in zwei Teile, die Martinskirche, das Jesuitengebäude und der Markt im vollkommenen Viereck mit zwei Linden, wo die Hauptwache ist, sind schön, und hier ist auch das gute Gasthaus zum Wittelsbacher Hof. Die Stadt hat eine bedeutende Gewehr-, Wollenzeug- und Dosenfabrik, eine große Salzniederlage, und jede Woche geht ein Schiff nach Regensburg und kommt mit Salzscheiben zurück. Ich erkundigte mich nach der berühmten Amberger Kanone vom Jahr 1301. Unbekannt mit der Verzerrung der Zahl 5 in alten Inschriften, las man 1301 statt 1501 – und die Kanone selbst existiert nicht einmal, sondern ist bloß auf dem Grabmal eines Kanonengießers angebracht, der 1501 zu Amberg starb!

Malerisch steht auf dem Mariahilfsberge die schöne Frauenkirche, und vier Stunden seitwärts muß man das Kloster Kastl suchen mit dem Denkmal des tapferen Schweppermanns und mehreren Monumenten, das sich später in ein Jesuitenkolleg und dann in eine Malteserkommende umwandeln lassen mußte, vielleicht weil es so nahe an Hirschau lag, dem Schilda der Oberpfalz. Die nördlich gegen Eger hin liegende reiche Zisterz Waldsassen vermehrte, nebst den Abteien Reichenbach, Speinshart und Ensdorf, nicht wenig den Säkularisationsfonds. Waldsassen verdient von Eger aus besucht zu werden wegen der alten Monumente der Landgrafen von Leuchtenberg, der Grafen von Sulzbach und vieler Edelleute. Von der Burgruine Leuchtenberg, zu deren Füßen der Flecken gleichen Namens liegt, hat der jetzige Herzog von Leuchtenberg seinen Namen. Sulzbach und Pyrbaum gehörten den angesehenen Grafen von Wolfstein und Breiteneck dem General Tilly, dessen Familie gleichfalls 1724 ausgestorben ist.

Von Amberg gelangt man durch Wälder und bergauf, bergab über Schwarzenfeld nach Schwandorf, wohin auch der Regensburger Wagen über Regenstauf und Burglengenfeld geht. Dieses alte Städtchen an der Naab, auf dessen Höhen eine Wallfahrtskirche nebst Kapuzinerkloster liegt (wo aber nur noch, wie die Wirtin sagte, ein einziger Herr lebt), hat keinen Schwan im Wappen, sondern einen Stiefel. Warum? Ein alter Bayerfürst verlor einst auf der Jagd im Sumpf einen Stiefel, dieser fand sich wieder, er verehrte ihn der Stadt, und diese brachte ihn voll Danks aufs Rathaus und setzte ihn ins Wappen. Kann man bei dieser Devotion der Vorzeit Karl XII. verargen, wenn er seinem Stiefel noch mehr zumutete? Dieser Stiefel ist auch am Rathaus abgemalt, und so mag schon mancher wandernde Schuhknecht es für die Herberge gehalten haben, wie Don Quijote die Schlösser für Herbergen hielt. Dieser Stiefel mag die Schuster stolz machen, denn ich las am Hause eines Schusters:

> Sankt Crispin und Crispinian waren Märtyrer und Römische Herren,
> und darum sollt ihr die Schuster verehren!

Auch wenn sie wie Sankt Crispin das Leder stehlen? Eine andere Inschrift am Hause eines Lichterziehers darf sich neben Hagedorns zufriedenen Seifensieder stellen:

> Mag mir der Neider wünschen, was er will,
> so wünsch ich ihm dreymal so viel!

Auf der Post nahmen die versammelten Honoratioren, als die Abendglocke sich hören ließ, ihre Mützen ab, beteten, und dann sprachen sie gegeneinander: »Guten Abend wünsch i!«

Von Schwandorf geht es über Kemnath, Neunburg und Rötz nach Waldmünchen, dem letzten bayrischen Städtchen, wohin der böhmische Wagen von Pilsen kommt. Es ist alles hier Fichtelberger Natur, die Straße aber gut. Neunburg mit einem Kloster im Vorgrunde liegt weit freundlicher als Waldmünchen und ist Sitz eines Landgerichts. Lächelnd dachte ich an München in diesem von Wäldern umgebenen München auf einem Hügel. Der diensthabende Hausknecht trat vor mich, und dann richtete er seine breiten *Posteriora* gegen mich, um mir die Stiefel auszuziehen. Die Kellnerin aber sagte bei meiner Bitte um Kaffee: »Die Herrin ist in der Kirche und hat Zucker und Kaffee eingeschlossen.« Ich dachte an Friedrich und ließ mir eine Biersuppe machen. Gleich hinter Waldmünchen ist das K. K. Haupt-Einbruchs-Zoll-Amt Hasselbach, ganz neu erbaut in einer malerischen Lage. Die Zöllner waren höflich, und mein Mantelsack blieb undurchwühlt, der aber auch schon durch seinen geringen Umfang seine Yorikische Unschuld sattsam dokumentierte.

Die dichten Wälder Böhmens nahmen mich jetzt auf unter dem Schutz des Doppeladlers, und nach einigen Stunden sah ich herab auf ein freundliches Tal, die Abtei Taus und mehr als ein böhmisches Dorf, und im Städtchen Klentsch traf ich auf einen so artigen Postmeister, daß ich mit ihm gratis zu Abend essen mußte, da im Wirtshause nichts Genießbares anzutreffen war. Es ist undankbar von mir, daß ich den Namen dieses höflichen Postmeisters – *rara avis* – vergessen habe. Einer der Kordonisten, den ich unter andern fragte, wie hoch die Dukaten ständen, wollte sich ausschütten vor Lachen, und dann sagte er mir, daß er sich gar nicht erinnern könne, wann er den letzten Dukaten gesehen habe. Die Männer zogen die Hüte – Subordination –, Weiber und Mädchen lächelten – slavischer Frohsinn –, die Kinder bettelten – katholische Lande –, die Haare waren wild und struppig, die Füße nackt, das schönste Holz faulte am Wege: Wir sind in Böhmen!

Auffallend ist der Unterschied zwischen Bayern und Böhmen an der Grenze. Der Bayer hält sein braungelocktes Haar im

Schnitt, dem Böhmen hängen sie schwarz und zigeunerartig um den Kopf. Der Böhme trägt schwarzen Zwillich oder schmutziges Linnen, der Bayer hübsche schwarzlederne Beinkleider, roten Brustfleck, schwarzen oder blauen Kittel von Tuch. Ein häßlicher dicker Polster bedeckt den Busen der Böhmin, die Bayrin ist weniger neidisch, bedeckt solchen nur leicht mit reinlichem Hemde wie Damen und geizt ebenso wenig damit, daher man es den Buben wahrlich nicht verdenken kann, wenn sie zudringlich werden.

Wohl tun diejenigen, die nach Böhmen, Sachsen und Schlesien reisen, mir nicht zu folgen, sondern im Gleise zu bleiben über Bayreuth nach Eger oder über Hof durch das Vogtland nach Dresden, was ich bei der Rückkehr zu tun nicht ermangelte. Von Nürnberg geht die Straße über Heroldsberg, Eschenau, Gräfenberg, Hippoltstein, Betzenstein, Pegnitz und Creussen nach Bayreuth; malerischer ist der Weg über Erlangen und Streitberg, aber die Straße ist schlecht und daher nur wenig befahren. Zu Hippoltstein, meinem Gasthause gegenüber, liegt eine schöne Ruine auf Felsen, die der patriotische Wirt auf den Abbruch an sich kaufte, zur Zierde des Orts aber erhält und Reisenden den Schlüssel reicht – schön! Zu Pegnitz, nachdem man eine malerische Felsenpartie, durch welche die Kunststraße gesprengt ist, passiert hat, ist man an der Quelle des Flüßchens gleichen Namens, und den Scheitel des Bergs, dem sie entspringt, zierte einst die Burg Bellmannstein. Creussen ist das Vaterstädtchen des theologischen Wassermannes Seiler, der mit seinem Wasser verhältnismäßig so viel gewann wie Wesley, das Haupt der Methodisten, der aber alles wieder auf Dürftige verwandte. Zuvor gelangt man nach Schnabelwaid, und der Himmel mag wissen, wie das Nest zu diesem Namen kam, denn es ist hier so wenig Schnabelweide als Geistesweide in Seilers zahllosen Schriften, und noch kann ich mich über *Dominus Rector* ärgern, daß wir *Seileri Dogmatica* auswendig lernen mußten!

Bayreuth

Bayreuth liegt in einem weiten, fruchtbaren Tale, vom Roten Main durchschlängelt, und Stadt und Gegend übertreffen Ansbach weit. Bayreuth zählt 10 000 Seelen, die Friedrichs-, Jäger-, Rennstraße sind hübsche Straßen, der Markt, den drei Kunstwerke zieren – Herkules, Neptun und ein Genius mit der Jahreszahl 1708 –, ist sehr groß, man findet viele massive Häuser, und die beiden besten Gasthäuser, Anker und Sonne, stehen traulich nebeneinander. Den Schloßplatz ziert ein schönes Schloß, der Garten muß dem Ansbacher nachstehen, da er nicht unterhalten wird, aber die Reiterstatue des Markgrafen ist wenigstens besser geraten als zu Erlangen. Der Herr, der 1683 Wien mit entsetzen half, glaubte sich natürlich doppelt berechtigt, über Türken hinwegzureiten, womit freilich der Wahlspruch *Pietas ad omnia utile* sonderbar kontrastiert, der aber auch Türkenhunde nichts angeht, die ja auch von Christenhunden sprechen und danach handeln.

Bayreuth fehlt es nicht an schönen Alleen, an schönen Opernhaus, Jägerhaus, Kasernen etc. Es war ja einst eine nur zu glänzende Residenz. Am Ende der Ziegelgasse ist auch ein kleines Bad mit einem Blumengärtchen am Main und einer allerliebsten Aussicht auf ein stilles Dörfchen. Sankt Georgen am See fließt mit der Stadt zusammen, der See aber, der über 500 Morgen einnahm, eine Insel hatte und ein Schiff mit zwölf kleinen Kanonen trug, ist mit Recht trockengelegt. In dem schön gebauten Zuchthause wird der hiesige Marmor, der 33 verschiedene Arten zählt, gesägt und poliert, und gleich schön ist das gegenüberliegende Gebäude, wo die Irren gepflegt werden. Das Bayreuther Bier hat einen Namen; aber recht wild muß es einst in der Gegend ausgesehen haben, da so viele Orte mit -reuth (ausreuten) endigen! Bayreuth, *Bojorum novale*, gehörte schon kraft des Namens Bayern an!

Der Triumph der ganzen Gegend ist Sankt Johann oder die wohl unterhaltene Eremitage, eine halbe Stunde von der Stadt.

Eine herrliche Lindenallee führt nach einer Anhöhe, wo man in einem lieblichen Tale ein Dörfchen gewahrt und eine Einsiedelei im Vorgrunde eines Waldberges, der den herrlichen Park, Eremitage genannt, in sich schließt. Es war gerade Sonntag und ein Leben hier wie in der Nähe einer Stadt von 100 000 Seelen. Der Park hat schöne Partien, dem Volke aber ist der sogenannte Sonnentempel das Wichtigste, eine Kolonnade, deren Wände und Säulen mit vielfarbigen Kieseln inkrustiert sind, die im Sonnenstrahl so schön glänzen wie die Kiesel der höheren Welt auf großen Bällen, die Diamanten, Rubinen, Smaragde, Gold- und Silbersterne.

Die alten mythologischen Spielereien, Wasserkünste und anderer Tand Versailles sind mit Recht verschwunden, und mir hat die Eremitage so wohl gefallen, daß ich zum zweitenmal hingegangen bin. Nach Sanspareil zwei Stunden weiter und ehemals von hohem Rufe, wo die Natur noch mehr getan haben soll als die Kunst, bin ich aber nicht gekommen, weil es ganz verfallen ist, und habe dafür die Fantasie besucht.

Eine Lindenallee führt auf der Erlanger Straße, an der schönen Gottesackerkirche vorüber, wo seit dem 17. November 1825 Jean Paul in die Ruhe eingegangen ist, bergan nach den Dörfern Altstadt und Mainsberg, von deren Höhe Bayreuth sich trefflich ausnimmt. Man nähert sich dichten Fichtenwäldern und liest an einem Felsen: »Unter K. F. Wilhelm II. und dem Minister Hardenberg fanden in diesen glücklichen Gegenden Tausende Freistatt, Menschenliebe und Edelmut. Dieser Felsen sage es künftigen Geschlechtern, und der Himmel löse die Schuld unseres Dankes. Von einem französischen Ausgewanderten 1796, repariert 1822.« Weiterhin steht am Wege eine stattliche Linde, die wenigstens 30 Fuß Umfang hat, aber teils durch den Blitz, teils durch polizeiliche Vorsorge ihrer Schöne beraubt ist; die weite Höhle eines abgenommenen Hauptastes deckt ein Dächlein. Mit den ersten Häusern von Donndorf ist man in der Fantasie, die ei-

Der Sonnentempel in der Eremitage bei Bayreuth

nem Prinzen von Württemberg gehört, und die Natur ist in der Tat so schön, daß man die verfallenen Kunstanlagen darüber vergißt. In einer Grotte mit mehreren Urnen und der Inschrift *Diis Manibus pia Dorothea* rauchte ich, von des Tages Last und Hitze ermattet, mein Pfeifchen, und die Felsenpartie um dieses *Columbarium* schien mir das Interessanteste; alles aber um mich her war tot wie die Phantasie eines ausgetrockneten Aktenmannes.

Nicht weit von der Fantasie liegt Wonsees, Geburtsort des vergessenen Taubmanns, der nicht bloß Taubmanniana lieferte, sondern auch einen Kommentar über den ihm homogenen Plautus. Er war der Humorist des 16. Jahrhunderts, bei dem man sicher mehr gelacht hat als bei dem Humoristen des 19. Jahrhunderts, der hier geboren ist und meist zu Bayreuth lebte: Jean Paul. Er lebte höchst eingezogen, zuletzt fast blind, und nur auf seinem Spaziergange im Schloßgarten war er zu sehen, wo er sich auch am liebsten sprechen ließ, und so fügte auch ich mich in den Humor des Mannes.

Er ist tot, seine Werke werden gesammelt, ich habe selbst darauf unterzeichnet – aber diese humoristische Biene des Fichtelgebirges und der Ölgötze der höheren weiblichen Lesewelt (der niedern ist er zu unverständlich), die sich im Helldunkel der Gefühle und in den grausigen Szenen des Todes und der Ewigkeit gefällt, ist doch zu halt- und geschmacklos für den Mann von höherer Bildung und Denkkraft. Es fehlt durchaus nicht an den geistreichsten Bemerkungen, echt humoristischen Stellen und gediegenen Wortspielen, an Witz und Laune, aber alles muß gar oft sonderbaren Abschweifungen, dunklen Anspielungen, halbem und falschem Humor und Wortschwall, Manierismen und Geziertem Platz machen, das Ganze ist stets ohne ästhetische Haltung. Wieland sagte bei Jean Pauls ersten Schriften: »Da kommt einer mit einem Flügel von Shakespeare.« Überall fliegt Jean Paul, schlägt aber nur mit *einem* Flügel und hält das Bizarre und Gezierte für Humor, daher er weit weniger Glück machte, als er hätte machen sollen, und im Auslande gar keines. Ich möchte Johann Friedrich Richter – nicht kindisch Jean Paul – unsern *missed Sterne* nennen wie Kotzebue unsern *Molière manqué!*

Der Hof von Bayreuth war einst sehr glänzend und königlich. Die Eremitage allein soll 2 Millionen und der Sonnentempel allein 100 000 Gulden gekostet haben. Der ökonomische Friedrich sagte daher seinem Herrn Schwager: »Ich vermag es Ihnen nicht gleichzutun«, obgleich dieser kaum über 200 000 Untertanen mit 1 Million Einkünften im unfruchtbarsten Teil Frankens herrschte, selbst beherrscht von Franzosen – aber man verließ sich auf das beliebte Kreditsystem. Mit dem Tode dieses Markgrafen erlosch der Glanz Bayreuths, Markgraf Alexander von Ansbach kam zur Regierung und fand hier eine noch weit größere Schuldenlast, als er zu Ansbach gefunden hatte. Es ist wirklich ein seltenes Beispiel, daß ein Fürst ohne Söhne seinen Ruhm dareinsetzte, ungewissen Nachfolgern ein schuldenfreies Land zu hinterlassen. Alexander bewirkte es, aber leider meist dadurch, daß er seine Kinder nach Amerika verkaufte und zuletzt sie ganz verließ. Alexander zog 1792 mit seiner Lady Craven, in die ich mich wahrlich nicht hätte verlieben können, nach England und starb in seinem Brandenbourghouse 1805. Er tat manches für Landeskultur, für bessere Pferde-, Vieh- und Schafzucht, für Erlanger Studentenzucht usw., nur mit Klagen über die Jagd und die damalige Menschenquälerei in ihrem Gefolge durfte man ihm nicht kommen. Kaiser Joseph nannte den Herzog von Sachsen-Teschen seinen »teuersten Schwager«, und so nannte das Volk die Lady Craven, die lange keine Clairon war, die »teuerste Mätresse«, sie, deren Ehemann öffentlich erklärt hatte: »She is not worth a half penny!«

Bayreuth und Ansbach gingen an Preußen über, und Minister Hardenberg sammelte sich so hohe Verdienste um die beiden

Schloß Giech und Kapelle Gügel

Markgraftümer wie späterhin um die ganze Monarchie. Seine erste Wohltat war der Befehl, das Wild niederzuschießen, und bald fühlte sich das Land so glücklich unter Preußen wie jetzt unter Bayern. In Bayreuth war begreiflich weit mehr zu tun als in Ansbach, bei der tollen Wirtschaft des früheren Hofes. Und doch erhielten die Regenten Statuen! Damals dachte man natürlich hier noch weniger als in Frankreich wie 1822, wo die Stände bei dem Ansinnen des Hofes, eine Geldsumme für Statuen der Bourbonen zu bewilligen, erklärt haben sollen: »Für Henri IV. und Louis XVI. recht gerne, aber keinen Sou für Louis XIII., XIV., XV.!«

Zu den Umgebungen von Bayreuth mag man noch das vier Stunden entfernte Städtchen Thurnau rechnen, die Residenz des Grafen Giech, mit einem alten, großen Schlosse und Garten. Die ganze Grafschaft ist zu vier Quadratmeilen, 12 000 Seelen und 70 000 Gulden Einkünften geschätzt. Interessanter war mir Himmelkron, wenngleich lange schon keine Himmelstöchter mehr hier sind und selbst das Schloß, das an der Stelle des Frauenklosters erbaut wurde, verfallen ist, denn die Lage am Main hat viele Reize, und so auch Kulmbach. Dieses fünf Stunden von Bayreuth entfernte Städtchen in einem fruchtbaren Tale am Weißen Main ist zwar unbedeutend, aber nicht so die Gegend und die (jetzt zerstörte) Feste Plassenburg. Man sah hier das Bild der weißen Frau mit dem Schlüsselbunde, das aber verbrannt ist, und ein Narbalshorn, das die Markgrafen an Zahlungs Statt von Kaiser Karl V. erhielten, wofür Venedig vergebens 60 000 Taler geboten haben soll. Sooft ein Ring zum Gebrauche des Hofes (gegen Gift und andere Ansteckung) abgelöst wurde, waren immer Abgeordnete beider Häuser zugegen, bis man sich 1550 in das kostbare Horn teilte wie in einen Staatsschatz. Wichtiger als dieser Staatsschatz ist jetzt die Teppichfabrikation in dem hiesigen Zwangs-Arbeitshaus.

Das schöne Archiv war indessen noch wichtiger, und der gute Archivarius Spieß mußte 14 Jahre lang täglich zweimal nach

Plassenburg steigen, was er wohl schwerlich ohne seinen starken Körperbau und sein vormaliges hartes Soldatenleben ausgehalten hätte, zumal da er hier auch arbeitet und nicht bloß Zeitungen las oder plauderte. Alle Kanzlei-Verwandte, die weit nach ihrer Werkstatt haben, können sich mit Spieß trösten, und die jetzige Humanität der Obern erfordert ohnehin, daß man nichts sagt, wenn sie spät kommen und bald wieder gehen, ohne gerade die Plassenburger Weite und einen Berg zum Maßstab zu nehmen. Das Gehen wird ins Schreiben eingerechnet wie das lange Sitzen der Gefangenen in die Strafe.

Von Bayreuth führt die Straße nach Sachsen über Berneck, Gefrees und Münchberg nach Hof, dem letzten bayrischen Städtchen. Rechts eineinhalb Stunden von der Straße liegt Goldkronach, das alte goldene Bergstädtchen, dessen Gruben aber schon im 16. Jahrhundert eingegangen und wohl nie so reichhaltig gewesen sind, daß man Goldklumpen von der Größe eines Kreuzerbrotes gefunden hatte, wie sie der Löwe in der Kirche im Rachen hat. Viel Naturschönheiten soll das Steinachtal von hier gen Weidenberg aufzuweisen haben. Von Goldkronach ist das Städtchen Kronach an der Coburger Grenze und am Fuße der Bergfeste Rosenberg wohl zu unterscheiden, der Geburtsort unseres herrlichen Malers Lucas Cranach und treuen Dieners der Kurfürsten Sachsens, der dem unglücklichen Johann Friedrich sogar fünf Jahre lang Gesellschaft leistete im Gefängnis zu Innsbruck und seinen Freund Luther am häufigsten und besten malte, wie seine Katharina, unter deren Bild er setzte: *Salvabitur per filiorum generationem!*

Berneck hat eine Lage, ganz gemacht für Maler. Kaum ist Raum für die Straße und die Häuserchen, die zum Teil in förmlichen Grotten liegen. Selten reift hier das Obst, selbst vom Gemüse nur Kraut und Rüben, desto besser aber die Forellen, wie Bayreuther Gutschmecker wohl wissen, und in der Ölschnitz finden sich sogar Perlen von Erbsengröße. Berneck ist die malerische

118

Pforte des Fichtelgebirges, aus dem der Main hervortritt, und hoch über den Häusern dieses Bären-Ecks sieht man drei Ruinen. Von der vordersten Burg steht noch ein viereckiger Turm von 100 Fuß, der noch 100 Jahre stehen kann, höher hinauf ist eine noch bedeutendere Ruine, an der man das Wallenrodische Wappen erblickt, und zwischen beiden liegt eine verfallene Kapelle mit der Jahreszahl 1480. Auf dem Fußpfade, der dicht an den Ruinen vorüberzieht, war ich früher auf der Höhe der Landstraße als mein Wagen. Zu Gefrees, in dessen Nähe ein trefflicher Serpentinsteinbruch ist, kommen die Fresser, die sich, durch das Wort verleitet, sanguinische Hoffnungen machen, übel weg, denn ich fand nicht einmal etwas Genießbares; vielleicht kommt der Name von den hiesigen Pfefferkuchen.

Hof an der Saale, ein Städtchen von 5000 Seelen mit einer langen und breiten Hauptstraße, die wohl den größten Teil der Stadt ausmacht, hatte das Unglück, noch in demselben Jahre, wo ich es wieder sah, 1823, fast ganz abzubrennen samt seiner gotischen Kirche, dem Hauptgebäude der Stadt. Es ist jetzt regelmäßiger wieder aufgebaut, und seine glückliche Lage an der sächsischen Landstraße konnte ihm kein Feuer nehmen, folglich auch nicht seine Gewerbsamkeit und Baumwollfabriken. Ein interessanter Vergnügungsort ist das romantische Felsental, das nach dem Schlosse Hofeck leitet. Hier *in Curia Regnitiana* lebte auch der verdiente Rektor Longolius, und eineinhalb Stunden hinter Hof geht das Himmelblau ins Grüne über, und wir sind in Sachsen. Aber die Farben der Hoffnung gehen allzusehr gesättigt ins Dunkle oder Schwarze über, und der Brite nennt daher das, was wir blauen Montag nennen, *the black Monday*. An die Stelle der leichten Gulden und Kreuzer treten jetzt schwere Taler und Groschen, und mit ihnen beginnen schwerere Preise, leichtere Nahrung und schlechtere Getränke und noch schlechtere Wege und Posten, aber auch sächsischer Fleiß und Genügsamkeit. In ganz Franken lümmelten Hirten und Hirtinnen neben ihrem Vieh in

hottentottischer Gedankenlosigkeit und Faulheit – der erste
sächsische Hirte, den ich sah, strickte. Aber für jetzt kehre ich um
nach meinem Franken!

Das Fichtelgebirge

Das Fichtelgebirge habe ich als Erlanger Student bereist, späterhin zog ich nur an seinem Saume vorüber; mein Reise-Journal
aber, wie das nach dem Harz und auch andere aus meiner Jugendzeit, sind mir Beweise, daß man in der Jugend das Reisen
noch nicht recht versteht, und daher muß ich Helfrecht, Goldfuß
und Bischof zu Hilfe nehmen, die uns in neuerer Zeit diese Gebirge gründlicher haben kennenlernen lassen. Der alte Sebastian
Münster spricht schon begeistert davon, trotz der geographi-
schen Armut seiner Zeit; Willen schwärmt in seinem *Paradiso pi-
nifero*, wie schon der Titel besagt, Rentsch spricht von einem
»brandenburgischen Zedernhain«, des Herrn Pfarrer Groß
Hochwürden von den vier herrlichen Trostströmen aus der un-
endlichen Güte Gottes, die vom Berge des Herrn fließen, und Pa-
chelbel ist so voll Wundergeschichten, daß es kaum auszuhalten
ist.

Auf den alten Trinkgläsern von Bischofsgrün steht das Sinn-
bild des Fichtelgebirges, ein mit Fichten bewachsener Berg, dessen Spitze ein Ochsenkopf ist, verschlossen mit Ketten und
Schloß; die Schätze des Innern sind in der Gewalt der Geister,
aber ringsumher bahnen sich die lebendigen Wasser des Mains,
der Saale, Eger und Naab freien Weg, und Hirsche, Rehe, Hasen, Füchse und Wölfe schauen lustig aus dem Grünen. Ein ein-
facheres Bild wäre eine hohe Fichte oder Tanne, auf der ein
Buchfink singt und von der später der holländische oder briti-
sche Matrose sehnsuchtsvoll nach dem Vorgebirge der guten
Hoffnung blickt!

Das Fichtelgebirge, das seinen Namen von seinen Fichtenwäldern führt, umfaßt die ganze nördliche und östliche Hälfte des
bayrischen Obermainkreises, also den größten Teil des ehemaligen Bayreuth, nebst einigen Bezirken Bambergs, der Oberpfalz

und des Egerländchens, und die Grenzen sind auch hier unbestimmt. Es hängt mit dem Thüringerwald, Erzgebirge und Böhmerwald zusammen, und der Flächeninhalt mag zu 40 Quadratmeilen angenommen werden. Der sogenannte Ochsenkopf galt bisher als die höchste Spitze von 3190 Fuß, der Schneeberg ist aber etwas höher, 3252 Fuß. Des abgeschmackten Namens Ochsenkopf gedenkt Münsterus noch nicht, er muß also späteren Ursprungs sein. Ochsenkopf ist ein gewöhnlicher Schimpfname der Gegend, und wenn man diejenigen damit belegen will, die hier Schätze suchen, so habe ich nichts einzuwenden, aber der schöne Berg ist unschuldig. Wir bestiegen ihn und waren zwar Kindsköpfe, meinetwegen Kalbsköpfe, aber keine Ochsenköpfe wie der, der auf dem höchsten Felsen dieser erhabenen Zinne den Ochsenkopf hinmeißelte und sein eigenes Wappen meißelte!

Der Main, die Saale, Eger und Naab bilden die vier Haupttäler, die Schönheiten aufzuweisen haben, aber schöne Landseen wie in den Alpen muß man hier nicht suchen, es gibt hier nur Teiche und Sümpfe, hier Lohen genannt. Unsere älteren Orographen lassen jene vier Flüsse aus dem wunderbaren Fichtelsee entspringen und vergleichen sie mit den vier Strömen des Paradieses voll Gold, Edelsteinen und Perlen. Diese Schätze sind verschwunden wie das Paradies, nach dem Volksglauben werden sie aber verborgen gehalten von neidischen Berggeistern. Schon gar viele sind in den einsamen Klüften umhergeklettert in der Hoffnung, der Wunderberg werde sich öffnen. Manche noch Kühnere wollen in die von Gold und Edelsteinen glänzende Geisterkirche nicht nur geblickt, sondern selbst hineingegangen sein, aber nichts als Moos mit herausgebracht haben. Die zart gefiederten Blättchen dieses Mooses, welche die Lichtstrahlen gebrochen zurückwerfen, gewähren in der Tat den Zauberanblick von Gold und vielfarbigen Edelsteinen, und die Erzähler, den Kopf ohnehin voll von Zauber, erscheinen als Lügner *bona fide*. Vorzüglich mystisch ist der Fichtelsee, eigentlich ein wahrer

122

Lichtenfels

Sumpf und Torfmoor, aus dem höchstens die Naab entspringen könnte, bestimmt aber weder Main noch Saale noch Eger, und Fische können ohnehin nicht gedeihen. Auf diesen Höhen, da, wo die Grenzen Böhmens, Bayerns und Sachsens zusammenstoßen, möchte aber der wahre Mittelpunkt des großen deutschen Vaterlandes zu suchen sein. An Quellen fehlt es dem Gebirge nicht, so daß man Fichtelberg auch gar wohl von Feuchtenberg ableiten könnte, und darunter sind auch mehrere Mineralquellen, unter welchen aber nur die Sichersreuther bei Wunsiedel, genannt Alexandersbad, und etwa die zu Steben Namen haben. Es sind Bäder für die Umgegend, wie wir sie zu Hunderten haben, wo viele Bequemlichkeiten mangeln, selbst Wagen und Pferde, und ausgesuchte Gesellschaft ohnehin. Begreiflich ist es auf dem Gebirge ziemlich kalt. Während man zu Nürnberg längst des Frühlings genießt, fahren sie oft von Hof nach Berneck noch im Schlitten, und das Ganze gewährt schon einen Vorschmack des Nordens. Aber trotz des rauhen Klimas, der feuchten Luft und häufiger Nebel leben hier gesunde, starke Menschen und kräftige Greise. Noch entdeckt man wendische Grabhügel und Aschenkrüge, denn hier wohnten die Sorben, die Bielbog, das gute, und Tschernebog, das böse Wesen in diesen Wäldern und Grotten verehrten, bis es den Bamberger Bischöfen gelang, ihnen die Dreifaltigkeit, Maria und den Teufel und statt Suantevits den heiligen Vitus aufzuschwätzen, dessen Feuer sich in Sankt-Johannis-Feuer verwandelte, worüber noch heute die Jugend hinwegspringt, damit der Flachs gut gerate. Vielleicht rühren auch die weißen Tücher der Weiber, die sie bei Leichen tragen, noch von den slavischen Klageweibern her, wie denn die meisten Burgen des Fichtelgebirges bestimmt in die Zeiten fallen, wo unsere sächsischen Kaiser diese Wenden bekriegten, deren denn mehrere ausarteten in Raubburgen!

Die Bewohner des Fichtelgebirges, etwa 136 000 Seelen, sind höchst fleißige, genügsame und biedere Leute, mögen sie auch rauh sein wie ihr einsames Waldgebirge. Man sagt »grob wie ein Odenwälder«, und so nennt man hier einen tüchtigen Knittel »einen groben Fichtelberger«. Von Berg- und Hüttenleuten, Holzhackern und Köhlern, die keine andere Welt als ihr Dörfchen und keine anderen Bedürfnisse kennen als die einfachste Nahrung Brot, Wasser, und notdürftige Kleidung, kann man keine feinen Sitten erwarten, die man selbst in den kleinen Gebirgsstädtchen vermißt. Der Volksdialekt ist fränkisch-thüringisch und ziemlich verständlich:

> Geh i übers Weiherle, schnalzt a Fisch
> Madle willst mi heiren, sog mir's g'wis!

> Ihr Madle geht hame, die Sunne geht no
> kriegt kane kan Tänzer, was steht er denn do?

Die Nahrung beschränkt sich fast einzig auf Kartoffeln, Milch und Mehlspeisen, nur selten Gemüse oder Fleisch, aber die einfachen Hütten sind weit reinlicher als in Böhmen. Die Zeit des Goldes und Silbers, selbst des Baues auf Zinn, Kupfer und Blei scheinen vorüber zu sein, nur die Eisenwerke sind noch im Gange. Man sagte sonst sprichwörtlich: »Mancher Hirte wirft einen Stein nach seiner Kuh, der mehr wert ist als die Kuh.« Dies gilt allenfalls noch von Mineralogen, die noch heute für einen ihnen fehlenden Stein eine Kuh gäben, und unter den Sammlern aller Art gab es nur einen Galiani, der seine Lava-Sammlung dem Papst zuschickte mit der Bitte: »Sprich, daß diese Steine Brot werden!« Vielleicht macht aber die bayrische Regierung aus den Steinen auch wieder Brot – ohne päpstliche Segenskraft.

Die Leibfarbe der Fichtelgebirgler scheint schwarz und braun zu sein, die Schuhe tragen sie ökonomisch in der Hand, und die weiße Sonntagshaube hat so breite, gesteifte Spitzen, daß sie das Gesicht wie ein Heiligenschein umgibt. Die Männer aber tragen ihre Pelzmützen mitten im Sommer und pflanzen noch über solche den dreieckigen Filz. Ein großer grüner Kachelofen ziert die Stube, in dem stets warmes Wasser prudelt, und zwischen demselben und der Wand ist ein gemütliches Plätzchen, wo man sich abends gütlich tut, wenn es gleich die Hölle heißt. Mich versetzte es in die Stube meiner Großeltern, und da hieß es Patschstübchen. Patschen ist in Franken soviel als snaken – hier saß die Großmutter mit den Töchtern und Mägden am Spinnrocken bis Mitternacht, während ihre Enkelin jetzt am Spieltische sitzt!

Von der malerischen einzigen Bergschlucht Bernecks, jenseits der steinernen Brücke, die über den jungen Main führt, drangen wir in das Innere des Gebirges, nachdem uns schon lange die lieblichen Vorberge begleitet hatten. Bald hören alle Obst- und Laubbäume auf, einige Eisenhämmer zeigen sich im Tal, denn die hohe Tanne und Bischofsgrün liegt da in der Mitte zwischen den beiden höchsten Punkten des Fichtelgebirges, zwischen dem Schneeberg und dem Ochsenkopf, getrennt durch den Main. Drei ziemlich gangbare Wege führen von Bischofsgrün, das Hammerwerke und berühmte Glashütten hat, zum Gipfel des Ochsenkopfes, und kein Krummholz wie auf der Riesenkoppe, kein grobes Gebröckel wie auf dem Brocken, sondern das schönste Nadelholz begleitet uns bis nach oben. Auf dem kürzesten Wege gelangt man in eineinhalb Stunden zu den übereinandergeworfenen Granitmassen auf die Höhe, und groß und erhaben ist die Aussicht, aber nicht schön. Weit sieht man nach Franken, Thüringen und ins Erzgebirge hinein, aber bunte verwirrte Massen, daher die nähere Aussicht gegen Bayreuth wohl die schönere ist. Das bewaffnete Auge eines Magisters wollte die Türme Nürnbergs und Regensburgs deutlich sehen – nun, ein Auge sieht mehr als das andere, und nun erst das Auge eines Magisters!

Beschwerlicher und durch furchtbare Felsenlabyrinthe drängt sich der Pfad nach dem höheren Schneeberg, wo vormals eine Warte stand. Die Aussicht ist dieselbe, gegen Osten ausgenommen, und hat man auch diese genossen, so ist in der Regel der Fichtelberg bereist, und nur botanisch-mineralogische Wißbegierde oder landsmännische Vorliebe führen weiter.

Weißenstadt mit seinem großen Weiher liegt zunächst, am Fuße des Schneeberges, und hier zieht die Straße von Bayreuth vorüber nach Eger, durch finstere Wälder, ein gefahrvoller Weg in den Ritterzeiten, daher noch die Hölle genannt, und noch jetzt gefahrvoll, wenn ein Reisender, den ich 1823 traf, nicht übertrieben hat. Die noblen Raubhöhlen sind jetzt malerische Ruinen, aber die einst so ergiebigen Zinn- und Kristallbergwerke sind eingegangen. Weniger rauh, freundlicher und malerischer ist das Naabtal, wo der hohe Kulm sein Haupt erhebt, und zwischen dem hohen und dem kleinen Kulm liegt freundlich Neustadt. Dr. Apel hat hier Anlagen gemacht, wo sich die Umwohner gerne sammeln, und ein guter Pfad führt aufwärts zwischen Basalttrümmern zur Spitze des Kegels, wo ein kleines Häuschen steht mit der Inschrift: *Numen adest.* Auf dem hohen und niederen Kulm standen einst Burgen, unter deren Schutze Neustadt sich bildete, und die Burggrafen Nürnbergs stifteten 1413 ein Karmeliterkloster hier, weil Karmelitermönche versicherten, der Kulm sehe dem heiligen Karmel so ähnlich wie ein Ei dem andern.

Kemnath, artiger und größer als Neustadt, ist Sitz des Landgerichts, und allerliebst vom Armesberg mit einer Wallfahrtskirche ist die Aussicht. Die schwarzen Basaltsäulen geben einen melancholischen Anblick, und diesen vermehren noch die Ruinen von Waldeck. Über Konnersreuth kommt man nach Waldsassen, dessen schöne, von einigen Beamten bewohnte Gebäude schon von ferne die fürstliche Pracht dieser Zisterze verkündigen, deren Nichtmehrsein das Städtchen wohl empfindet. Fruchtbar ist das Röslautal, das sich nach Wunsiedel herabzieht, vorzüglich schön um Arzberg, wo der meiste und beste Eisenstein gebrochen werden soll. Wunsiedel nimmt schon für sich ein, weil man da wieder Obstgärten sieht, und die 3000 Bewoh-

Pottenstein

ner nähren sich von der Landwirtschaft, Tuch- und Wollzeugfabriken, Blech- und Eisenwarenhandel und auch wohl mit etwas Schleichhandel nach Böhmen. Es gibt schöne Marmorbrüche, und die Raubritter von Bocksburg, die hier hausten, brachten den Ort in üblen Ruf; man nannte die Raubritter Böcke, und das ganze Ländchen erhielt den Namen »in der Böckler Art«. Wunsiedel ist nicht nur Geburtsort des humoristischen Jean Paul, sondern auch Sands, des fanatischen Musensohnes!

Ein Stündchen davon liegt Alexandersbad, dessen Quelle 1724 entdeckt wurde. Markgraf Alexander baute hier 1782 das Bad, das aus einem Dutzend Häuser besteht und dessen glänzendste Epoche wohl das Jahr 1805 war, wo König F. Wilhelm III. mit seinem Hofe sechs Wochen lange weilte. Man verschönerte das Bad, und der Waldberg Luxburg mit seiner Burgruine voll grotesker Granitmassen wurde zum Louisenberg. Eine Allee verbindet das Bad mit Wunsiedel, die schönen Anlagen verdienen den Besuch, jedoch hätte manche Inschrift unbeschadet des Ganzen wegbleiben können. Vom Louisenberge leitet auch ein gebahnter Weg nach dem höheren Kössener (3060 Fuß), und die Aussicht darf sich mit der vom Ochsenkopf und Schneeberg messen. Durch das Röslautal über weite, noch unbenutzte Torflagen kommt man nach Thiersheim, belebt durch die Straße von Eger und den einträglichen Nahrungszweig der Kalkbrüche und Kalkbrennereien. Vormals fertigte man hier auch eine Menge Schneller aus gehärtetem Speckstein, die nach Nürnberg gingen; in unserer Zeit aber, die mehr mit Kugeln von Blei und Eisen spielte, verfiel der Handel.

Das schöne Röslautal verliert sich in das Egertal, geschmückt mit einer Menge alter Burgen: Thierstein, Hohenberg, Epprechtstein, Rollenstein und das rote Schloß; die beiden letzteren waren einst Burgen der berüchtigten Sparnecker. Thierstein verdient wegen seiner schönen Basaltsäulen den Besuch der Mineralogen, und von der Burg steht noch ein Turm von 110 Fuß Höhe. Das enge Egertal läßt kaum Raum für die Straße übrig, selten sieht man eine kleine Wiese, nur Felsenmassen treten aus den bewaldeten Talwänden hervor und scheinen der brausenden Eger den Durchgang wehren zu wollen. An einem dieser Felsen ist eine Höhle, die ein unterirdischer Ausgang der obenliegenden Burg Neuhaus gewesen sein soll. Weiter hin liegt das Hammerwerk Wellerthal, unweit des Marktflecken Selb. Bei der Rotenschloßruine zeigt man einen Bärenfang, ein steinernes Häuschen mit einer Falltür. Im Naturalienkabinett zu Erlangen ist der Bär, der noch in der Mitte des vorigen Jahrhunderts hier gefangen wurde, und später fing man zwei Kapuziner. Unbekannt mit dem Zweck des Häuschens suchten die ehrwürdigen Terminierer hier ein Obdach gegen Regen, und mit Gerassel stürzte die Falltür über die graubärtigen Väter! Welche Lage für die Söhne der Kirche, die unschuldigsten unter allen!

Im Tal der Saale ist der erste Ort, den das junge Flüßchen berührt, der Marktflecken Zell, und eine Stunde weiter Sparneck, Stammburg der Raubritter dieses Namens, die fast ein Dutzend Burgen in der Gegend besaßen, die der Schwäbische Bund rühmlichst zerstörte; der letzte Sparnecker starb 1744. Von hier geht die Saale nach Förbau, wo man auf der Höhe Hallersteins Ruine erblickt, Schwarzenbach, wo viel Linnen gefertigt wird, Kotzau mit zwei Schlössern, und Döhlau, auf dessen Höhe der Anblick von Hof überrascht. Das Tal der Saale wird jetzt immer enger, tiefer, felsiger, romantischer und führt in viel Krümmungen nach Hirschberg und dem neuen Schloß Brandenstein. Malerisch blickt Hirschberg mit seinem hohen Schlosse, das neue Brandenstein und Saalsteins Ruine und Schieferbrüche auf den Wanderer. Hier ist Sachsens Grenze, und die Burgruinen von Sparenberg und Blankenstein am Einfluß der Selbitz in die Saale halten Grenzwache. Wir sind im rauhen Vogtlande, das aber fleißige und zufriedene Menschen nährt bei Kartoffeln und Haferbrot, wenn sie nur Kaffee haben!

132

Schloß Banz

Vierzehnheiligen

Im Selbitztale, das die thüringische Muschwitz aufnimmt, begrüßt uns das alte Städtchen Lichtenfels mit seiner Burgruine, und unfern davon ist das Bad Steben, das zwar wenig Kunstanlagen, aber desto mehr Naturschönheiten hat, vorzüglich in seinem Höllental längs dem Stebenbach, wo Hammerwerke, Vitriol- und Alaunhütten sind, bis hinauf zur Felsenburg Reizenstein, welche die ganze Gegend beherrscht. Die Burg Schauenstein steht in altertümlicher Würde da, wo der hohe Döbra, der höchste Berg der Gegend, zu uns herüberblickt. Im Tal der Rodach sieht man überall Sägemühlen, Holzhauer und Flößer nach dem Main. Der Feldbau bedeutet wenig, man baut Kartoffeln, hat einige Kühe auf der Waldweide, und die Geroldsgrüner Hammerwerke nähren viele. Der Gesundbrunnen Langenau, unter der Burgruine Burgstein, liefert nicht nur Stebens Kurgästen das Wasser, sondern es wird auch verführt. Hier ist eine herrliche Tropfsteinhöhle, und in kleinen Seitentälern versteckt sind Stadtsteinach, Schloß Guttenberg und das alte Bergstädtchen Kupferberg, dessen Minen aber verfallen sind.

Das Bad Steben, von wo wir nach Bamberg reisen, verdiente Aufnahme wegen der herrlichen Umgegend, und dann würde jene schöne Tropfsteinhöhle so gut illuminiert werden wie das Nebelloch. Sie scheint wenig bekannt zu sein, und noch weniger ist für sie getan worden, aber sie und das Nebelloch, die Muggendorfer und Gailenreuther Höhlen, die Baumanns- und Bielshöhle, vorzüglich aber Adelberg können jeden Deutschen vollkommen beruhigen, der weder Zeit noch Geld hat, die Fingalshöhle auf Staffa oder die Königin der Tropfsteinhöhlen auf Antiparos zu bewundern, worauf Engel seine schöne Parabel gründete. Adelberg wäre wenigstens gleich berühmt, hätte es einen Blainville oder Tournefort gefunden, und läge es nicht in Deutschland! Zwischen Lichtenfels und Staffelstein liegen die ehemaligen berühmten Klöster Banz und Langheim, vier Stunden von Coburg und fünf von Bamberg; ersteres ist jetzt Sitz eines bayrischen Prinzen, und um letzteres wohnt der Graf von Ortenburg, der bekanntlich hierher verpflanzt wurde. Banz erblickt man bei seiner hohen Lage schon in weiter Ferne, das die letzte Gräfin des Namens 1058 stiftete. Banz war in unsern Zeiten ein ausgezeichneter Sitz der Wissenschaften, an den ich mit Vergnügen zurückdenke. Die Kirche hat herrliche Bergmüller, und trefflich ist die Aussicht in den Maingrund. Hier wirkte Pater Placidus (Sprenger) vorteilhaft auf das katholische Deutschland. Banz war eines der hellsten Benediktinerklöster, von dem selbst Nicolai nur Gutes sagen konnte, und daher konnte auch das artige Lied an Philomele hier gedichtet werden, das man in Masius Wanderung findet und das schließt:

Schließ deine Tage spat,
 fern sei von dir und deinesgleichen
 Gefängnis, Geier, frühe Leichen,
 Klausur und Zölibat!

Gleich malerisch liegt Frankenthal oder Vierzehnheiligen zwei Stunden davon, ein berühmter Wallfahrtsort, den der Abt von Langheim bauen ließ. Wir haben drei Epiphanien nacheinander im Kalender – hier gab es vierzehn auf einmal, und aus der kleinen Kapelle wurde eine prächtige Kirche mit Wohnungen für Pfarrer, Küster, Jäger, Bauern und Wirte, die noch mehr zu tun hatten als die vierzehn Nothelfer, die im Jahr 1448 einem frommen Schäfer hier erschienen. Gewöhnlich sieht man, laut des Sprichworts, in der Trunkenheit doppelt, jener Schäfer aber gar vierzehnfach. Seine Nothelfer mögen manchem Wallfahrer geholfen haben, da der Glaube stark war, am meisten aber halfen sie den Mönchen zu Langheim. Noch sieht man Wallfahrer hier, aber vielen Reisenden, denen solche Dinge ein Greuel sind, ist vielleicht der Weiler, die kalte Herberge genannt, in der Mitte des Weges zwischen Bamberg und Coburg doch noch interessanter.

138

Hier siedelte sich im Dreißigjährigen Kriege ein schwedischer Lieutenant Westädt an, behauptete seine Okkupation so gut als Oxenstierna, und seine Nachkommen besitzen noch seine Privateroberungen. Im Wirtshause zeigt man das martialische Bild des Schweden, das recht deutlich das *jus in armis* ausspricht oder das Naturrecht, das in allen Kriegen an die Stelle der positiven Rechte zu treten pflegt.

Kloster Michelsberg und das Hospital zu Bamberg

Bamberg, Erlangen, die Muggendorfer Höhlen und Ansbach

Bamberg liegt in einer der schönsten Gegenden Deutschlands, weit schöner als Würzburg, mitten in Gemüsegärten, Süßholz-, Fenchel- und Anisländern, beherrscht vom Kloster Michelsberg (jetzt Krankenanstalt), und entzückt, zumal wenn man aus Sachsen kommt. Die Stadt mit 18 000 Seelen liegt in der Mitte dreier Täler, die gegen Coburg, Schweinfurt und Erlangen sich hinziehen, und wer sie jetzt unter Bayern wiedersieht, kennt kaum das alte Bamberg wieder. Die Regnitz teilt die Stadt in drei Teile, deren westlicher auf Anhöhen liegt, aus denen die Schmeichler sieben Berge gemacht haben, um Bamberg mit Rom zu vergleichen wie die gesegnete Gegend mit Italien, wozu die schöne Orangerie gleichfalls Gründe bot; die ähnlichste Ähnlichkeit mit Italien aber vergaß man: die heillose Pfafferei und Bigotterie, die hier größer war als im ganzen übrigen Frankenland; daher ist auch die Ableitung Bambergs (Babenberg) von Pfaffenberg nicht so übel. Mit Pfafferei steht Faulheit im Bunde, der Sohn tut nur das, was Vater und Großvater auch getan haben, und so viel Bier hier auch getrunken wird, so holten sie doch lieber ihren Hopfen aus Böhmen, als daß sie ihn selbst bauten.

Bamberg macht die hier schiffbar werdende Regnitz ziemlich lebendig, die sich eine Stunde von da in den Main ergießt, der alle Güter, die von Regensburg oder Sachsen kommen, auf seinen Rücken nimmt. Merkwürdig bleibt es, daß auch hier nicht nur die Bischöfe sich ein Fürstentum zusammenbeten und -betteln konnten von 200 000 Seelen mit 800 000 Gulden Einkünften, sondern ein Kaiser der erste Stifter war, der zu Frankfurt die andern Bischöfe auf den Knien um ihre Einwilligung bat. Die Natur scheint Heinrich II., der indessen als Kaiser nicht ohne Regententugenden und Tätigkeit war, doch mehr zum Mönch als zum Regenten bestimmt zu haben, was er auch geworden wäre, hätte ihm nicht der Abt gesagt: »Die Mönche müssen dem Abt gehorchen, und so befehle ich Ew. Majestät, daß Sie Kaiser bleiben!« Der Mann hatte vielleicht seine Absichten wie Friedrich mit Soubise. Einst ging es in dieser Residenz der Fürstbischöfe Bambergs, deren letzter, v. Busek, auch der letzte seines Hauses war, so flott zu, daß in Franken das Sprichwort war: »Wenn Nürnberg mein wäre, wollte ich es in Bamberg verzehren.« Dies ist komischer als das »Quand tout le monde sera à moi, je mangerai bien du sucre«, wenn man dabei Rücksicht nimmt auf den fränkischen Provinzialismus »bamben«, den alle Kinder kennen, Adelung und Nicolai aber nicht gekannt zu haben scheinen.

Der Dom, wo der Mönchs-Kaiser neben seiner Kunigunde ruht, liegt wie die Residenz auf dem Petersberge und ist durch sein Alter ehrwürdig. An der Residenz aber ist das Schönste die Aussicht. Ich weiß nicht, ob die ungeheuren Kröten von Stein noch jetzt den Dom bewachen, die Linné in sein Natursystem aufnahm als *Bubones Bambergenses*. Aber es waren schlechtgeratene *Löwen* eines armseligen Steinmetzen! Auf den Grabmälern der Stifter des Doms ist ihrer Jungfern-Ehe gedacht, und sie ist dem Mönchs-Kaiser zuzutrauen, seiner Kunigunde aber scheint mit einer solchen Ehe nicht gedient gewesen zu sein:

Die Kaiserin Frau Kunigund
ist gefallen in Leumund,

aber sie schritt zur großen Erbauung des Volks und zu noch größerer Freude ihres Meinwerks über neun glühende Pflugscharen unversehrt, was Meinwerk schon zu machen wußte! Der mystische Werner hat die Heilige in unserer Zeit wieder eingeführt, die sicher nichts weniger als mystisch lebte, wie Herr Werner selbst in frühern Zeiten.

Dom zu Bamberg

Die Altenburg bei Bamberg und Stiftskirche St. Jakob

Jedermann kennt zu Bamberg die Wunder, die Kunigundens Unterröckchen vorzüglich bei Zahnweh – sonderbar! – verrichtet hat; die Cotillons haben zwar schon große Wunder allerwärts hervorgebracht – *il aime le cotillon* ist ein Vorwurf –, zu Bamberg aber war es Frömmigkeit, wenn Wams und Hosen den Unterrock küßten. Die Legende ist bekannt, daß die Heilige ihre Handschuhe an einem Sonnenstrahl aufhing; weniger bekannt aber scheint ihre Galanterie gegen ihren Heinrich zu sein, als beide die Domglocken hatten gießen lassen. Die Glocke der Kunigunde tönte weit heller und lieblicher, da nahm sie ihren Ring und warf mit demselben, ob sie gleich eine Stunde von Bamberg entfernt zu Kunegundens-Ruhe waren, ein Loch in ihre Glocke! Weiber sind nie artiger und aufmerksamer gegen ihre Männer, als wenn sie gerade etwas angestellt haben oder anstellen wollen, und von dem *bonhomme Henri* wissen wir, daß er, der mit seinen eigenen Augen frühe einen Mönch aus dem Schlafzimmer seiner Gattin kommen sah, nach überstandener Feuerprobe derselben vollkommen überzeugt war, daß jener Mönch der Teufel gewesen sei. Heinrich liebte seine Kunigunde (die an Theodora erinnert, Gemahlin des armseligen Justinian, den die Juristen, selbst Ludewig, bis zum Himmel erheben dem *Corpus Juris* zu Gefallen) so sehr, daß er lieber glaubte, was sie ihm sagte, als das, was er sah. Glückliche Zeiten! Doppelt glücklich für die Frauen!

Den Hochaltar des Doms schmückt eine Auferstehung von Tintoretto, und die übrigen Altäre haben Gemälde von Sandrart, Schönfeld, van Dyck und Merian. Nach einem der vorzüglichsten Gemälde, die Auferweckung des Lazarus, müssen schon die Juden Brillen getragen haben. Unter den vielen bischöflichen und domherrlichen Grabmälern ist auch das des Bischofs Anton von Rotenhan, der auf der rechten Wange eine große Schmarre hat, die ihm im Bürgeraufruhr 1435 ein Bürgermeister schlug, der Metzger war – ein Beleg weiter, daß man Fleischer nicht in den Rat wählen soll. Den Domschatz hat von Murr so gründlich beschrieben wie die Nürnberger Reichsheiligtümer: Muster eines Mikrologen! Nächstens wird auch diese Kirche ein schönes, bronzenes Denkmal des Fürstbischofs Fechenbach zählen, das ihm die Familie setzen läßt; von Heideloff der lachende Engel im Dom aber bleibt das Wahrzeichen der Handwerksburschen und ist das Wahrzeichen der ganzen lachenden Umgegend Bambergs.

Auf der Altenburg oder der Ruine Babenberg, die Bamberg Namen und Ursprung gab, wurde König Philipp von Otto von Wittelsbach gemordet, und hier mag man auch des letzten Babenbergers, Albert, gedenken und der Untat des geistlichen Schufts Hatto, Erzbischof von Mainz, wogegen Otto von Wittelsbach als Engel erscheint. König Ludwig das Kind war wegen des Babenbergers ewigen Fehden mit Würzburg höchst ungehalten und forderte ihn nach Tribur, aber Albert getraute sich nicht zu erscheinen. Da kam Hatto, sprach von des Kaisers versöhnlichen Gesinnungen, schwor, den Mißtrauischen wieder gesund auf seine Burg zurückzubringen, und so ritten sie miteinander. Noch nicht weit fiel es Hatto ein zu frühstücken, man ritt wieder in die Burg, und dann ging es ins kaiserliche Lager, wo der arglose Albert gefangengenommen und zu Tribur enthauptet wurde. Hatto sagte auf die Vorwürfe Alberts: »Habe ich nicht Wort gehalten und Euch gesund in Eure Burg zurückgeführt? Ist es meine Schuld, daß Ihr solche einfältigerweise zum zweitenmal verlassen habt?« Stets spielten Bösewichter unter geistlicher Larve am glücklichsten Verstecken, stets waren die Platten oder geschorenen Köpfe ohne Herzen listiger als die ehrlichen Ritter, wie die Päpste gegenüber unsern Kaisern – und so unverschämt wie jener Teufels-Advokat, der da wußte, daß den redlichen Gegner nichts mehr kränke als offenbares Unrecht. »Aber kann man Sie nicht desto leichter überführen und schamrot machen?« – »Schamrot? Nur desto dreister behaupte ich meinen Satz, übergehe des Gegners Gründe, wiederhole meinen Satz als noto-

Schloß Altenburg bei Bamberg

risch, der Gegner schweigt zuletzt aus Ärger, legt sich zu Bette und hat ein Gallenfieber.« *Semper aliquid haeret!*

Die geschichtlich merkwürdige Altenburg verdient einen Besuch, wäre aber längst zerfallen ohne den berühmten und edlen Arzt Marcus, der sie nicht nur unterhielt, sondern auch durch freundliche Anlagen verschönerte. Es wohnt ein Wirt hier, und von dem alten hohen Turme genießt man eine der schönsten Aussichten in das schöne Frankenland. Mit Recht heißt diese Altenburg jetzt Markusburg, und, wo ich nicht irre, ruht auch Marcus hier, der 1816 starb.

Bamberg ist nicht nur durch seine Gärtnerei – die Gärtnerzunft bestand 1787 in 386 Meistern – und durch sein Süßholz, das meist ins Österreichische geht, berühmt, sondern auch durch sein Bier, und daher verehrt man auch in dem Reliquienschatz neben dem Kopf- und Zahnweh heilenden heiligen *Cotillon* der Kunigunde die stattliche Gurgel des Ritters Sankt Georg. Berüchtigt machte auch Bamberg der Nachdrucker Göbhardt, so berühmt wie seine Ehrenkollegen, mit deren Namen ich diese Briefe nicht besudeln will, Frankenthal, Karlsruhe, Reutlingen und Stuttgart machten und noch machen. Eins der schönsten Gebäude Bambergs ist das Krankenhaus, ein Werk des Fürstbischofs Erthal (nächst dem Arzt Marcus), der so viel für sein Land tat. Erthal war es auch, der aus dem weitläufigen, eine Stunde von der Stadt gelegenen Lustschloß Seehaus 378 Statuen entfernte, aus religiösen oder eigentlich mönchischen Ansichten, aber der gute Geschmack muß es ihm danken, denn mehrere Gruppen waren im Geschmack Aretins und in Attitüden, von denen im Brevier nichts geschrieben steht.

Das Bamberger Schloß machte zuletzt noch Berthier, einst Liebling Bonapartes und der ganzen Armee, merkwürdig durch sein tragisches Ende. Er sah die Kosaken 1813 ankommen und stürzte herab auf das Pflaster. Ob willkürlich oder unwillkürlich, ist ein Rätsel.

Bamberg, das in der Literatur eben nicht glänzt, hat dennoch den Ruhm, das erste deutsche Buch gedruckt zu haben, Bonners Fabeln 1461, das man nur noch zu Wolfenbüttel findet. Es ist auch die Geburtsstadt des trefflichen Humanisten Camerarius (gest. 1574). Es ist einmal Sitte, ausgezeichnete Männer gelegenheitlich ihres Geburtsorts zu nennen, und die Orte sind oft stolz darauf, aber es hat doch etwas Komisches, da die Geburtsorte so höchst unschuldig an den Verdiensten dieser Männer zu sein pflegen wie Bamberg am Verdienst des Camerarius und so manche Hochschule an den Kenntnissen ausgezeichneter Schriftsteller.

Man hat die Finsternis zu Bamberg, die wohl Jesuiten am besten erklären könnten, wie gewöhnlich übertrieben dargestellt, aber wahr ist, daß es zu Bamberg, wohin ich öfters kam, weit finsterer aussah als zu Würzburg, mit dem es doch so oft gemeinsame Fürsten hatte. Würzburg glich dagegen einer protestantischen Stadt. Man sah es schon an den Kleidern, daß die Leutchen um eine Generation zurück waren, ehe sie noch den Mund auftaten. Zu Bamberg muß man auch an die Karolina denken, die dem harten Bischof Georg ihr Dasein verdankt und Karl V. so wohl gefiel wie den Juristen. Justinian hat mir den Sinn für das Schöne nie nehmen können, und so gefielen mir die lebendigen Madonnen besser, deren Augen mit dem Himmel und der Erde zu gleicher Zeit zu liebeln wissen.

Nicolai wurde verlacht mit seiner Religions-Physiognomie, die er sich im Bambergischen abstrahierte, und es scheint allerdings lächerlich, daß Glaube oder Nicht-Glaube an die Statthalter Christi, an seine Heiligen, an Petri Himmelsschlüssel und an das Fegfeuer sich auf den Gesichtern ausdrücken soll, und doch scheint es nur so. Nicolai hätte es nur nicht auf Bamberg beschränken sollen. Echte Katholiken (in großen Städten sind gar viele reine Deisten) und Nicht-Katholiken sind allerdings ebenso kenntlich wie Pietisten und Freigeister, Gefangene und Ge-

154

Die obere Pfarrkirche in Bamberg

fangenenwärter, Freie und Unfreie – vorzüglich unter dem weiblichen Geschlecht, das religiöser ist als das männliche oder reicher an Imagination. Die Kunst hat den Marienköpfen wie den Christusköpfen einen gewissen ständigen Charakter gegeben (denn die Originale von beiden verehrten Personen sind verloren, und Maler Lucas ist so wenig authentisch wie die himmlisch gemalten Bilder, die man sonst zu haben glaubte), und diese Physiognomien finden wir offenbar bei dem weiblichen Geschlecht wieder: Marien-Physiognomien.

In der Natur ist nicht immer schön, was im Bilde schön ist. Die antiken Gesichter, wo Nase und Stirn ohne Absatz in einer Linie fortlaufen, nehmen sich in der Plastik schöner aus als in der Natur, und so haben auch die sehr häufigen lebendigen Marienbilder offenbar etwas Fades und Dummes, es fehlt wenigstens der Gürtel der Grazien, den selbst Venus anlegen zu müssen glaubte; und – nach meinen Erfahrungen noch mehr: sie sind oft hohl. Hierzu noch die verschiedene Kleidung, die dem Blick nachhilft und oft an einem und demselben Orte zwischen beiden Sekten verschieden ist – hier die kleinen Silberhäubchen mit wahren Ungeheuern von Maschen und Bändern zu 8 – 10 Zoll Breite – und es braucht wenig Unterscheidungskunde. Alles macht jedoch der eigene katholische Augenaufschlag wieder gut, der eine Folge des häufigen Augen-Niederschlagens ist, und ich lasse mir solchen um so weniger nehmen, als er gerade das Schönste, Anziehendste und Verliebteste ist in der ganzen Marien-Physiognomie!

Der Unterschied hat sich mir unendlich oft von selbst aufgedrängt auch an anderen Orten, zum Beispiel wenn ich aus dem Mainzischen ins Hohenlohische, aus Bayern nach Niederschwaben, aus dem Hessischen und Hannoverschen nach Westfalen gekommen bin. Nur am Rhein hält die Beobachtung nicht ganz Stich, denn hier war stets ein Tummelplatz der Völker, und vielleicht stand es auch mit der Religion so leichtfertig wie mit anderen Dingen. Katholische Weiber sehen weit freundlicher drein als protestantische, dagegen ihre Männer desto unfreundlicher. Andacht und Liebe sind Geschwister, und die schön gemalten Heiligen, vor denen sie täglich auf den Knien liegen, die meist hübschen lebendigen Heiligen, ihre Priester und Mönche (welcher Kontrast mit dem zurückstoßenden Perücken-Ernst der Protestanten und mit den gelblichen, hageren Sebaldus-Notanker-Gestalten!) wirken auf sie zurück, woher vielleicht der Ernst katholischer Männer rühren mag. Die eigene Gebetsfalte von der ewigen Lippenbewegung beim leisen Murmeln des Rosenkranzes ist so gut vorhanden wie die Zornfalte bei manchem zarten, aber giftigen Weibermunde oder der verzogene Mund, wenn sie schlechte oder gar keine Zähne haben oder schön deutsch sprechen wollen. Beim Malen wollen sie alle einen schönen kleinen Mund haben, daher eine den ihrigen dermaßen zusammenzog, daß der Maler sagte: »Madame, wenn Sie wollen, male ich Ihnen gar keinen.« Ich habe keine Ursache zu zweifeln, daß auch von dem ewigen Knien selbst in der Finsternis der religiöse Charakter erkannt werden mag, wer profan genug ist zu solchen Metzgersgriffen.

In Bamberg ist es unter Bayern etwas heller geworden, aber ein trauriger Gegenbeweis bleibt doch stets der leichte Eingang, den die Wunderkuren des Wunderfürsten von Hohenlohe fanden, der gleich nach Wiederherstellung der Jesuiten aufzutreten geruhte wie Gassner nach der Aufhebung des schwarzen Ordens; aber er vergaß, daß Deutsche keine Spanier sind, selbst Bamberger nicht; seine Wunder kamen aber auch nicht den Wundern des spanischen Franziskaners Agostino gleich, dem neuesten Heiligen der Kirche (1825), der unter anderem gebratene Vögel vom Bratspieß hinweg auf einen Wink wieder lebend davonfliegen machte! Ob ein umgekehrtes Wunder nicht mehr Proselyten machen würde?

Die Zeiten Gassners, Schröpfers, Mesmers und Lavaters soll-

Die Ludwigsbrücke in Bamberg

ten 1820 erneuert werden, und Prinz Alexander heilte durch Gebet, die kranke Prinzessin von Schwarzenberg stand auf im Namen Jesu und wandelte – Bauer Michel war der Meister, der hohenlohische Alexander nur noch Jünger, der aber bald alexandermäßig der größte Meister geworden wäre, wenn unsere Zeit für Heilige und Wunder so viel Empfänglichkeit hätte wie die Zeit Kaiser Heinrichs II. und der Kunigunde. Die Ketzer, d. h. Denker, wurden verbrannt, weil sie zu früh kamen, die Wundermänner werden verlacht, weil sie zu spät kommen – *heureux ceux qui viennent à propos*! Es ist traurig, wenn die Männer, die als *Officiers de Morale* so viel Gutes stiften könnten, lieber als Wundermänner auftreten, um den Verstand neuerdings gefangenzunehmen unter dem Gehorsam des Glaubens. Die Wundermänner wissen, daß sie den meisten Glauben finden, wo die Volksbildung auf bloßer mechanischer Andacht und Zeremonie beruht und nicht auf Belehrung des Verstandes und Herzens. Sie wissen, daß man durch Geduld, durch Gebet, das die Imagination erhitzt, und durch erhitzte Imagination und Aberglauben wieder Magier, Propheten und Apostel schaffen kann und daß ein Wunder tausend nach sich zieht – mutig versucht, und fort versucht, endlich geht's, und jeder kann Wunder tun, wenn seine Leute den rechten Glauben haben. Sind diese Dinge nicht wieder in Italien, Spanien, Schweiz und Frankreich in vollem Gange? Fand nicht der prophetische Bauer von Markelsheim, Adam Müller, selbst bei der höheren Welt Eingang, der einen tausendjährigen Frieden verkündigte, die Vereinigung aller Religionen und die Erbauung einer großen Bundesstadt zwischen Philippsburg und Nußloch? Aber Bayern dachte anders, und es gereicht ihm zur großen Ehre, daß es, wie einst Frankreich am Grabe des Paris, aussprach:

De par le Roi défense à Dieu
de faire miracle en ce lieu.

(Oder in Huttens deutscher Sprache:

Gilt nit zu Bamberg fürder meh'
Der Papst sucht alle Vörtele!

Alle diese pfiffigen Versuche sind bis jetzt noch in Deutschland bloße Kuren, und der Himmel bewahre ferner mein Vaterland vor solchen theologischen Ärzten – wir sind schon gestraft genug mit medizinischen Ärzten!

Von Bamberg nach Erlangen kommen wir nach Forchheim, einer kleinen Galanterie-Feste, die ihren Namen von den Forellen (Forchen) der Regnitz hat, die sie auch im Wappen führt. Wie sie aber dazu gekommen ist, ihre Stadt für den Geburtsort des Pontius Pilatus auszugeben, von dem sie eben keine große Ehre hat, wenn er gleich bekannter ist als Sokrates, ist mir unbekannt. Wenn das Innere aller Festungen so beschaffen wäre wie hier, könnte ein Bombardement eben keinen großen Schaden anrichten. Die Umgegend aber, die romantische Gegend um Streitberg, auf der Straße nach Bayreuth, die berühmten Höhlen und das ganze Wiesental entschädigen reichlich. Niemand hat die Natur dieser Gegend besser kopiert als der Verfasser eines der genießbarsten Ritterromane, Rebman, ein geborener Erlanger, der »Heinrich von Neideck« schrieb.

Wer alle Höhlen, Burgruinen, Wasserfälle, Grotten und malerischen Punkte dieser lieblichen Gegend besuchen wollte, müßte wohl vierzehn Tage dazu nehmen. Wir widmeten ihr als Erlanger Studenten, für die sie das ist, was der Harz für Göttinger, nur fünf bis sechs Tage. Von Erlangen sind sechs Stunden nach Streitberg. Man kommt zuerst nach Baiersdorf mit der Ruine Scharfeneck (die aber aus neuerer Zeit und nicht burgartig ist), dann nach Ebermannstadt, wo sich das Tal verengert und die Felsenpartien beginnen, auf einer Seite die Ruinen von Streitberg und gegenüber die von Neideck. Die erstere ist noch ziem-

162

Scheßlitz

Streitberg

lich bedeutend mit der Wohnung eines Försters, die andere besteht nur noch in einem Turme. Der sogenannte hangende Stein war einst der größte Markstein Deutschlands, die Grenze zwischen Bayreuth und Bamberg und in ewigem Streit, als ob Streitberg seine alten Fehden wieder aufnehmen und sich seinen Namen neuerdings verdienen wollte. Unter diesem seit Jahrtausenden überhängenden Felsen stehen Hütten, der Felsen hängt über den Häuptern der Bewohner wie das Schwert des Damokles, aber sie sind ganz sorglos, und wenn diese Masse, dem Gesetze der Schwere gemäß, früh oder spät sie wie Mäuse quetscht, so werden sie die Natur anklagen wie die, welche auf Vulkane bauen oder hinter Dämme am Meer – so ist der Mensch!

Von Streitberg geleitet ein sanftes Wiesental binnen einer Stunde nach Muggendorf, dessen Höhlen allein eine Reise nach Franken verdienen, und Muggendorf ist der Mittelpunkt dieser Höhlen. Vor dem Ort liegt eine Wiese, genannt die Stille, wo Luther gepredigt und Stille geboten haben soll, und eine Stunde davon macht die Wiesent, mit der Aufseß sich einend, einen recht hübschen Wasserfall. Wenn man die vier vornehmsten Höhlen, die Rosenmüller-, Oswalds-, Gaillenreuther- und Förstershöhle besucht hat, kann man die übrigen wohl unbesehen lassen. Sie sind jetzt weit zugänglicher, als sie es für ihre Entdecker und Untersucher waren; für schwindelnde Personen aber und für *Amplissimi* oder Dickbäuche noch immer bedenklich wegen der Abstürze. Kalkgebirge sind locker, und es gibt Durchgänge, wo man nicht durch*gehen*, sondern durch*kriechen* muß. Einen Tag nimmt die Rosenmüllers-, Oswalds- und Wundershöhle hinweg und die Ruinen von Streitberg und Neideck, den zweiten Tag die Gaillenreuther und Espershöhle; man bleibt im Städtchen Gößweinstein, den dritten Tag das Rabenecker Tal, die Ruine von Rabenstein, die Klaussteinhöhle und das Kühloch; man bleibt in Waischenfeld, den vierten Tag besucht man die Förstershöhle und Greifenstein mit seinem modernen Park, einem Herrn von

Stauffenberg gehörig, den fünften Tag geht es über Heiligenstadt zurück nach Streitberg. Das Tal der Aufseß, die Ruinen von Rabeneck und Rabenstein und das wild romantische Wüstenstein halte ich für die schönste Partie dieser fränkischen Schweiz oder dieses Erlanger Harzes, womit ich dem Harz ein Kompliment zu machen glaube aus alter akademischer Freundschaft. Erinnerte ja selbst einen Humboldt die malerische Gegend von Neu-Andalusien bei Carippe an Muggendorf!

Zwischen kühn aufstrebenden Felsenmassen, worüber man die Menschenwerke, die Burgen, bald vergißt, gelangt man zu der besuchtesten Höhle, der Rosenmüllershöhle, deren Zugang mit einer Tür versehen ist. Etwa 40 Fuß tief steigt man eine Leiter hinab in die Kalksteinhöhle, die der Führer zuvor erleuchtet hat, die Phantasie nimmt ihren Flug, die natürlichste Idee ist aber die Idee einer altgotischen Kirche. Man fand hier zwei Menschengerippe, die nach Erlangen kamen; man hätte sie hierlassen sollen zum Spiel für die Imagination. Die Namen Rosenmüller und Esper sind unauslöschlich, denn sie sind mit einem durchsichtigen Überzug von Tropfstein bedeckt. Noch mehr aber verewigen diese Naturforscher ihre bekannten Prachtwerke über diese Gegenden. Die fossilen Knochen, die man hier fand, sind jetzt in hundert Naturalienkabinetten zerstreut und gehörten einer Gattung Höhlenbären an. Noch gräbt aber der Aufseher immer neue Schädel aus, weit mehrere liegen zertrümmert umher, und der Vorrat scheint unerschöpflich. Diese Bären mögen wohl einst hier in diesen Vorgebirgen des Fichtelberges wirklich gelebt haben und ihre Gerippe nicht erst durch Wasserfluten hierher gekommen sein. Adler findet man in diesen Felsen nicht, aber Eulen in Menge und neben Füchsen, Mardern und Iltis auch den Siebenschläfer.

In diesen Gebirgen tummelten sich einst noch ganz andere Raubtiere, die Ritter. Wir bewundern die Ruinen der Schlüsselburg, Aufseß, Egloffstein, Rieneck, Streitberg, Neideck, Boden-

Muggendorf

Gößweinstein

Burg Rabenstein

Schloß Auhseß

stein, Rabenstein, Eyb etc., man zählt gegen 30 Burgruinen, sieht aber auch manche Felsenmassen für Burgruinen an wie das Queckenschloß und die Riesenburg, die reine Naturspiele sind. In diesem Gebirge muß man zu Fuß wandeln, und so ärgert man sich nicht über das ewige »Jü Hot!« des Fuhrmanns und auch nicht über Stöße, die Leib und Seele erschüttern. Auf dieser Straße nach Sachsen bekam ich den ersten Vorschmack des Nordens und wünschte jedem Reisenden – wie die Amerikaner den ihrigen – blauen Himmel, leichten Weg und sanfte Kissen!

Die Gegend nach Erlangen hin ist sandig und so langweilig wie von Erlangen nach Nürnberg – ewiger Sand und Fichtenwälder. Nirgendwo, Böhmen ausgenommen, sah ich so viele Menschen barfuß (im Sande ist dies besser als Schuhe, wo sie aber die dazu gehörige dicke Negerhaut hernehmen?), und allerwärts Wasserräder, die das bißchen Wasser der Regnitz auf die dürren Wiesen leiten. Vormals sollen die Wege durch die ewigen Wälder sehr unsicher gewesen sein, daher die Reisenden beim Anblick Erlangens riefen: »Wir haben's erlangt!« – daher der Name. Wie hieß denn die Stadt, wenn eine da war, zuvor? Wenn man im Norden solchen Spaß machen wollte, wie viele Erlangen müßte es da geben! Die Gegend bleibt einmal eine arme Sand- und Nadelholzgegend, was auch Papst für sie gesagt hat, wie Nicolai für Berlin, und daß sie *par nobile fratrum* sei, beweist des letzteren naiver Ausruf zwischen hier und Nürnberg: *En patria tellus*! So umarmte Potaveri im Pflanzengarten zu Paris schluchzend die vaterländische Palme und rief: Otaheiti! Otaheiti!

Die Stadt Erlangen selbst aber liegt recht freundlich an der Regnitz, die sich unter Bamberg mit dem Main vereint. Sie ist in die Alt- und Neustadt oder Christian-Erlangen geteilt, welche letztere erst seit 1686 regelmäßig erbaut ist. Die Bevölkerung mag man zu 8000 Seelen annehmen mit Inbegriff der Studenten, deren kaum 300 sein werden. Diese Universität datiert von 1743 und war sonsten weit besuchter, doch hat Bayern in neuester Zeit viel für sie getan und auch die Altdorfer Bibliothek mit der hiesigen vereint. Die französischen bürgerlichen Flüchtlinge, die *Réfugiés*, nicht adelige *Emigrés*, waren ein Segen und scheinen ihre zum *patois* herabgesunkene Sprache nach und nach aufzugeben, wie recht ist – sie sind ja Deutsche.

Das schöne Schloß auf dem Markte, wo die letzte Markgräfin Bayreuths wohnte, brannte zwar ab, aber nur der Dachstuhl und das Innere, daher es jetzt zum Universitätsgebäude eingerichtet ist. Der Hofgarten ist im altfranzösischen Stil und gewährt wenigstens dem Spaziergänger Schatten, aber damit er nicht mehr gewähre, sollte er nachts verschlossen sein. Billig wünscht man die erbärmliche Reiterstatue des Markgrafen mit den Sklaven zu seinen Füßen zu Ehren des Geschmacks hinweg, wie die Heckenlabyrinthe und Heckentheater hinweg sind, an deren Stelle man jetzt das neuerbaute Spital und vielleicht bald auch einen botanischen Garten erblickt. Das Bassin mit seinem Berge voll grotesker Figuren in altfranzösischer Tracht (*Réfugiés*), in deren offene Mäuler und Hände der oben stehende Markgraf in großer Allongeperücke, umgeben von mehreren mythologischen Personen, Wasser gießt, mag zum Andenken bleiben. Es ist doch etwas Drolliges um den alten Kunststil! Der gute Markgraf Christian reitet über Sklaven verschiedener Nationen hinweg als Sieger und besiegte nicht einmal seine Bayreuther, noch viel weniger sich selbst, was freilich der schwerste Sieg gewesen wäre.

Die Sansculotterie der Burschenwelt ist hier wenig merklich, jedoch sah ich im Theater, was man zu meiner Zeit nicht sah: einige Musen mit nackter Brust, wilden Haaren und Judenbärten, und dann in einem Gesellschaftsgarten wiederum einige Gestalten aus den echten Flegeljahren, herumlagernd oder umhertölpelnd wie Schillers Räuber ohne Sitte und Gefälligkeit, als ob sie die ganze übrige Welt nichts anginge. Die Bewohner der Universitäten und reisende Deutsche sind zwar an solche Erscheinungen gewöhnt, aber ich muß dabei immer an reisende Ausländer

178

Quakenschloß

Riesenburg

denken, und dann schäme ich mich *in animas Musarum*. Indessen ist die deutsche Unsitte im Abnehmen, und so, wie die Zeiten blinder Anbetung allerwärts vorüber sind und die alte unbegreifliche Hingebung an Adel, die oft blutschlecht belohnt wurde, so auch der Respekt der Philister gegen die anmaßenden Jungfernkinder oder Musensöhne.

Erlangen hatte einst durch die Großische Zeitung so viel und mehr Ruf als durch seine Universität. Alles wollte den witzigen Erlanger lesen, die ökonomischsten Landprediger Frankens, die außer ihrer Bibel, Kompendien und Kochbuch sich um nichts Gedrucktes mehr kümmerten – sie hatten ja ausstudiert und konnten von dem Seilerischen Honig, den sie in die Zellen ihres Gehirns drei Jahre lang eingetragen, in dem Bienenkorbe ihres Amtes weit bequemer leben – hielten sich dennoch den Erlanger auf eigene Faust, der sogar zu Konstantinopel und in Amerika gelesen wurde. Der Erlanger wurde immer witziger, bis ein preußischer Werbeoffizier eine Quittung von ihm verlangte, daß er die fünfundzwanzig richtig erhalten habe.

Erlangens Fabriken in Hüten, Strümpfen, Handschuhen etc. sind bedeutender als die gelehrte Fabrik, und das schöne Theater wird nur noch dann und wann von reisenden Schauspielergesellschaften besucht. Der Bettel ist arg, und sehr merklich ist, daß kein Hof mehr zu Ansbach ist wie zu meiner Zeit. Die nächsten Umgebungen sind der Schießplatz, Radsberg auf dem Bergrükken, wo auch der dem Publikum geöffnete kleine Welsische Garten ist, Bruck, Bubenreuth, Dennenlohe, Uttenreuth etc., ganz alltägliche Vergnügungsorte der Musen, die mit wenig zufrieden sind, wenn nur das Bier gut ist.

Baiersdorf mit vielen Juden (daher hier auch der Prediger Bodenschatz sein bekanntes Werk über die kirchliche Verfassung der Juden schrieb), wo der beste Meerrettich gebaut wird, und Fürth mit noch mehr Juden sind für die Studenten eine böse Nachbarschaft, besser ist noch Burgfarrnbach, wo Graf Pückler eine der stattlichsten Bierbrauereien Deutschlands hat, deren Eigenheit darin besteht, daß das Wasser aus der nahen Mineralquelle genommen wird. In Franken ist diese Brauerei das, was zu London die kolossale Porter-Brauerei Whitbreads, und soll 40 000 Gulden rentieren. Hier braut der Graf Bier, das sich gewaschen hat, es berauscht leicht, verstärkt den Durst, statt ihn zu löschen, und das ist vielen gerade recht. Manche Wirte wissen auch das Bier so einzuschenken, daß das Seidel halb Schaum ist, so daß Leibnizens Mittel, das Innere des Gefäßes mit Speck zu bestreichen, hier wichtiger wäre als seine Monaden, Theodizee, die wahre Integral- und Differentialrechnung des Trinkers!

Von der Ferne blickt die tausendjährige Cadolzburg, lange Residenz der Burggrafen, und verdient besucht zu werden, denn sie gewährt die anschaulichste Idee einer Ritterburg und der ganzen Barbarei des Mittelalters. Überall Gewölbe und dunkle Kämmerchen, nur der Rittersaal ist groß und die Küche, in der man bequem den Frankfurter Krönungsochsen braten und noch nebenher für einige hundert Menschen kochen könnte. Unter der Erde ist das wohlerhaltene Burgverlies und die Marterkammer mit Marterinstrumenten, deren Benennung schon die rohe Gleichgültigkeit der Alten, mit der sie irokesenmäßig aller Marter ihrer Mitbrüder spotteten, ausspricht: der gespickte Hase, die spanischen Stiefel, die spanische Wiege etc. Eine Stunde von hier ist auch der Druidenstein, ein freiliegender Felsen, wo die Druiden wohl geopfert haben könnten und das Volk noch heute Druiden oder Hexen tanzen läßt. Unweit Langenzenn, das jährlich gegen 2000 Zentner Hopfen erzeugt, liegt das Dörfchen Seckendorf, Stammsitz des alten, berühmten Geschlechts, dem auch der Marktflecken Sugenheim gehört mit zwei Schlössern und einer zahlreichen Judengemeinde. Die Seckendorfer hatten sich bereits zu Ende des 13. Jahrhunderts in elf Linien geteilt, erzogen aber vor andern Familien Deutschlands tüchtige Staatsmänner und Krieger.

184

Erlangen

Das Schloß in Erlangen

Hoher Genuß erwartet den Reisenden in dem Gräflichen Schönbornischen Schloß Pommersfelden, drei Stunden von Erlangen, wo eine Gemäldegalerie ist, reich an Niederländern. Unter die ausgezeichneten Stücke gehören: Rubens heilige drei Könige, eine Mutter mit fünf Kindern und ein Christus, Correggios Geburt Christi und schlafender Amor, van der Werfts Magdalena, Tizians Venus, ein Nachtstück von Dow, Dürers Kreuzabnahme, Rembrandts Saul und die Hexe, Kupezkys heiliger Franz, zwei große herrliche Stücke von Paul Veronese und Raphaels Madonna. Man sagt, viele Gemälde seien bloße Kopien – es mag sein, aber es sind sehr gelungene Kopien und Raphaels Madonna ein Meisterstück, selbst wenn es Kopie sein sollte.

»Mein Erlangen, lebe wohl!« steht in tausend Stammbüchern, und ich rief es 1825, wo ich wahrscheinlich zum letztenmale hier wandelte, mit derselben Wehmut, mit der man über die Gräber teurer Hingeschiedener zu wandeln pflegt. Es ist doch ein eigenes Gefühl, nach vielen Jahren wieder an einem Ort zu sein, wo man in früher Jugend lange gelebt hat, nun keine Seele mehr kennt, und blühende Mädchen gelbe Matronen, Schwiegermütter, ja Großmütter geworden sind. So müßte es auch sein, wenn wir nach Jahrhunderten aus dem Paradiese wieder auf die Erde kämen – unser Leben währet siebzig Jahre, wenn's hoch kommt, sind's achtzig, unser akademisches Leben gar nur zwei bis drei Jahre, wenn's hoch kommt vier! Und man lebt, als ob es kein Ende gäbe! Vor jeder Wohnung eines alten Freundes, der jetzt Gott weiß wo wandelt oder liegt, blieb ich stehen, vor jeder Wohnung eines mir werten Lehrers, vor unserem Kommershaus, vor meiner Wohnung und vor der eines hübschen Mädchens, die ich auch unter die Lehrer zähle, blieb ich stehen, und die Leute hielten mich wahrscheinlich für bezecht oder nicht recht richtig im Kopfe. Durch Göttingens Straßen wandelte ich auch späterhin wieder, aber gleichgültig. Hier hatte ich meist mit Büchern und Gelehrten gelebt, dorten mehr mit Jugendfreunden. Mit manchem Freundschaftsbunde ist es zwar gegangen wie mit den Friedens- und Freundschaftsverträgen der Diplomaten, aber dort entschuldigt jugendliche Begeisterung wie Schwüre der Liebe. Alles, alles ist fort, wie der wiederkehrende Geist eines Verstorbenen suchte ich Stätte und fand sie nicht mehr! *Alas, poor Yorik!* Alles ist fort oder tot! Selbst meine letzten alt genug gewordenen Freunde Meusel und Cammerer, der Antiquar. Cammerer hatte gewiß gegen 100 000 Bände beisammen, wovon drei Viertel Makulatur, aber doch ließ er auch guten alten Wein unter die Flut des vielen frischen Wassers laufen, sich's jedoch gut bezahlen. Die Literatur, die mir Meusel beibrachte, der zuletzt kaum Hände genug hatte, die Schmierer alle in seine Armeeliste einzutragen, kostete mich 6 Gulden, die aber, die ich von Cammerer lernte, wohl ebensoviele Hunderte! Die allerteuersten und schlechtesten Quartanten meiner Büchersammlung, auf die ich lächelnd blicke, sind aber meine Hefte! Mein Erlangen, lebe wohl!

Die Straße von Nürnberg nach Ansbach führt über Heilsbronn meist durch Nadelholz, ist aber sehr lebendig, und wenn man niemand begegnet, so begegnet man grünen Weibern zu Fuß und auf Karren mit ihrer grünen Ware. Des Städtchens Zierde ist die stattliche Klosterkirche mit alten Monumenten der Brandenburger Fürsten, und neben dieser Kirche ist eine frische, gefaßte Quelle, die der Stadt den Namen gab und aus welcher der letzte Markgraf all sein Trinkwasser holen ließ. Dem Kloster Heilsbronn verdanken die Schulen der beiden Markgrafentümer vieles, und der gemeine Mann sagt noch heute: »nach dem Kloster gehen«, statt nach Heilsbronn. Der Weg zieht sich bald abwärts, man kommt an ein Wirtshaus, die Windmühle (ehemals stand hier auch eine), und man erblickt Ansbach tief im Tale. Hier oben aber hat sich C. H. v. Lang, den Gelehrten durch gute Geschichtswerke und dem großen Publikum bekannt durch seine »Hammelburger Reisen' im Geschmack Rabelais (die aber,

Pommersfelden

Schloß Weißenstein ob Pommersfelden

wie alle Reisen, zuletzt ermüden), eine recht artige Villa auf einem sonst unnützen Sandhügel erbaut und sieht heute von seiner Höhe in glücklicher Unabhängigkeit lachend herab ins Tal, wo Ansbach liegt, obgleich Eggers im ersten Teil seiner Reisen (1810) dessen Hintritt bedauert!

Ansbach (Holzbach, Onolzbach) entstand aus dem Kloster des heiligen Gumbertus und liegt in einem angenehmen Tale der Rezat, einst Hauptstadt des Unterlandes, wie man Ansbach im Gegensatz zu Bayreuth nannte, das Oberland hieß. Hier ist wahres Getreideland und herrliche Viehzucht. Überhaupt möchte der bayrische Rezatkreis der industriöseste, bevölkertste und der beste des Reichs genannt werden. Die Stadt zählt 12 000 Seelen, und die Neustadt hat recht hübsche Straßen, z. B. Jägerzeil, den Graben mit Kastanienalleen, die Karlsgasse, kleine Jägergasse etc., womit freilich die sogenannte Türkei nicht wenig kontrastiert. Das Schloß im italienischen Geschmack ist neu und schön, aber leer, und der Schloßgarten in hübsche englische Anlagen verwandelt. Das Gymnasium hatte einst verdienten Ruf. Auf dem Marktbrunnen steht ein vergoldeter Ritter, der recht gut geraten, aber unter Lebensgröße ist, gerade umgekehrt wie andere Ritterstatuen; folglich tut er nicht die Wirkung, die man vom Kolossalen und mehr als Gewöhnlichen erwartet und ins Ritterwesen zu legen beliebt hat. Das Ritterwesen gleicht dem kolossalen Elefanten, der den Brunnen des Bastille-Platzes zu Paris zieren soll, 46 Fuß hoch; zur Zeit ist es noch Modell von Gips, und wir wollen auch so das Ritterwesen sein lassen!

Ansbach ohne seinen Hof ist ziemlich still, der hierher verlegten Kollegien und Garnison ungeachtet, und ein Witwensitz geworden. Nie war wohl Ansbach so lebhaft, selbst nicht zur Zeit des Hofes, wie in den Jahren 1794–1796, wo die Neu-Franken hereinbrachen und hier alles voll deutscher Emigranten war, unter des preußischen Adlers Flügeln, vorzüglich kleiner Regenten, die damals sehr herablassend waren! Nicht bloß im Winkel der

Altstadt, genannt Langweile, herrscht jetzt Langweile, und die noch vorhandenen Merkwürdigkeiten sind nicht merkwürdiger als die sogenannten Wahrzeichen der Stadt:

> Drei Türme ohne Dach (die drei gotischen
> Türmchen der Stiftskirche),
> Eine Mühle ohne Bach (die Windmühle),
> Neun Schlöt (Rauchfänge) auf einem Dach,
> Das sind die Zeichen von Ansbach.

Ansbach ist die Vaterstadt Cronegks, der wie Abt vor seiner Reife starb, des Arztes Stahl und Uz, die wir über neuen schlechteren Produkten vergessen zu haben scheinen. Der Landesfürst selbst lernte Uz erst zu Rom kennen vom Papst Ganganelli, so wie die Wiener Grazien Wielands Grazien zuerst kennenlernten im französischen Gewande des Chevalier Boufflers, und so mögen vielleicht manche meiner jungen Leser den trefflichen Uz erst durch mich kennenlernen. Ich möchte selbst den Prediger Rabe hier nicht vergessen, der die Mischna und auch den Anfang der Gemara übersetzte, weil ich wissen möchte, wo die ganze, zum Druck fertige Handschrift geblieben ist. Der liebe Uz starb 1796 im hohen Alter und war nach seinem fünfzigsten Jahre durchaus nicht mehr zu bewegen, etwas Poetisches in die Welt zu senden, und dies mögen sich andere Dichter merken. Poesie ist wie die Liebe, nur für die Jugend, aber es ist erlaubt, sich gleich David noch daran zu wärmen. Gar vielen Geschäftsmännern aber geht es wie Sr. Durchlaucht, und gar vielen sind, wie dem gemeinen Mann, Dichter und Künstler Spitznamen. Sie sind ohne allen Sinn für die Leier, das Symbol der Dichtkunst, und da man Ungelehrte *Illiterati* nennt, so könnte man sie füglich *Illyrier* nennen!

Noch erinnern mich die Stangen, welche Felder und Wiesen gegen das zahme Vieh schützen sollen, an das wilde Ansbacher

Die katholische Kirche zu Ansbach

Johanniskirche zu Ansbach

Vieh, an die Wildbahn und alle Jagdteufeleien des letzten Fürsten, der zwar die Steuern erleichterte und Schulden bezahlte
(oder eigentlich die ruhmwürdigen Minister v. Gemmingen und
Seckendorf), aber mit englischen Subsidien. Wenn er nicht in Italien, Frankreich oder England war, so war er zu Triesdorf mitten
in Wäldern, und seine Wohnung hieß das Falkenhaus. Triesdorf
war eine wahre Einöde für jeden Nicht-Nimrod, indessen doch
das Gestüt und die Schweizerei interessant, wo einst ein Stier ge-
schlachtet wurde von 40 Zentner, und Ansbacher Pferde waren
gesucht. Bekanntlich vertauschte er zuletzt das Land seiner Väter
gegen die Lady Craven und Brandenburghouse, und das Land
segnete Preußens Zepter und Hardenberg!

Hinter Triesdorf, drei Stunden von Ansbach, und zerfallen,
kommt man bald in den Altmühlgrund, der schon mit dem grau-
en Rittersitz Leutershausen beginnt, ein wahres Vieh- und Ge-
treide-Ländchen, wo die Gerste vorzüglich ist und auch die Gän-
sezucht. Der Altmühlgrund zieht die Gewitter an, daher in dem
reinlichen niedlichen Städtchen Gunzenhausen die Donnerwetter fast gar nicht ausgehen, folglich auch kein Wunder, wenn
Pfarrer Lutz daselbst sich um Wettergläser und Blitzableiter so
viel Verdienste erwarb. Des Herrn Stadtpfarrers Zenker Gele-
genheitsgedichte hätten aber wohl ungesammelt bleiben dürfen
wie die Predigten mancher Herrn Stadtpfarrer, die ohnehin
schon drei- bis vierfach bezahlt sind.

Zu Ansbachs nächsten Umgebungen gehören die Windmühle, der Nußbaum, Eyb, wohin eine Allee führt, und Neuses. Eyb
ist das Stammhaus derer von Eyb, die große Wallfahrer gewesen
sein müssen, da sie drei rote Jakobsmuscheln im silbernen Felde
führen.

Bei dem vielen Gerstenbau müssen die Ansbacher Biertrinker
sein, und das Tabagie-Leben, wo man abends traulich beisam-
mensitzt in Wolken, durch die Fidibus von Kienholz erleuchtet
wie Schalkens Nachtstücke, beginnt schon in Crailsheim. Das

braune Bier ist trefflich, aber jeder, der nicht in seine Kinderjahre zurücktreten will, hüte sich, weißes darauf zu setzen! Der Landmann trägt einen schwarzen langen Kittel, eine rote Weste mit weißen (vormals silbernen) Knöpfen, schwarzlederne Beinkleider und ein ganz kleines rundes Hütchen, das auch die Weiber tragen, deren Rockfalten unzählbar sind. In ganz Franken war man darüber einig, daß in und um Ansbach die schönsten und flottesten Mädchen zu finden seien. War es Verdienst des Hofes, wie zu Passau und Avignon Verdienst der Hochwürdigen?

Für eine kleine Stadt wie Ansbach ist es doch arg, was man mir erzählte. An einem schönen Sommerabend im schönen Schloßgarten, von dem ich nicht glaubte, daß er der *Venus vulgivaga* offenstehe, wurde ich bald angeredet und sprach von der Polizei. »Ach die! die fäng erst um 10 Uhr an!« Lachend erzählte ich dies meiner Biergesellschaft, und sie erzählte mir ein ganz anderes Gegenstück. Einem Reisenden geschah wie mir, und da er nicht anbeißen wollte, bat sie um einen Vierundzwanziger, und da der Fremde dies noch weniger wollte, so sagte sie: »Sie geben mir nichts? Ich werde also schreien, und die Polizei wird Sie mit mir festnehmen!« – Der Fremde zahlte. Unter solchen Umständen könnte doch etwas an dem sein, was in der Neujahrsnacht 1823 auf 1824 der Nachtwächter gesungen haben soll:

Hört, ihr Männer, laßt euch sagen:
Die Weiber haben 327 Kinder tragen,
Darunter 112 Bankertlein.
Gott wolle dem Städtlein gnädig sein.

Schloß Prunn an der Altmühl

Windsheim, Rothenburg, Würzburg und Schweinfurt

Von Ansbach führt die Straße nach Würzburg über die Ebenen von Windsheim und Uffenheim hinab in das Maintal nach Ochsenfurt, und wer mit dem Postwagen ging, hatte vormals volle Zeit, von Bergel aus die Reichsstadt Windsheim, das Bad Burgbernheim, ja selbst Rothenburg zu besuchen, wohin man durch eine schöne Pappelallee, die aber nur bis Lehrberg geht, und über Colmberg mit einem alten Schloß in vier Stunden fährt, aber auf schlimmen Wegen. Die alte Reichsstadt Windsheim, eine *Villa regia,* liegt an der Aisch, und in diesem Aischgrunde, der sich durch vortrefflichen Weinwuchs und ergiebigen Hopfenbau auszeichnet, liegt auch Neustadt, dessen Gymnasium einst in Franken hohen Ruf hatte. Hier ist auch Feder, wo ich nicht irre, geboren, der mit den neuen Herren v. Feder von einer Familie war, deren Adel man aber schon vom Griechischen *Phaidros* oder wenigstens dem römischen Fabler *Phaedrus* herleiten könnte. So ist denn auch Windsheim uralt, wenn die Reime am Rathause historisch richtig sind:

> Pharamundus der Franken-Herr
> bat vier gelehrte Männer sehr
> sie sollten fränkisch Gesetz statuieren
> Chlodovacus tät deklarieren,
> Windegast der verständige Mann
> fing Windsheim zu bauen an,
> nach Christi Geburt 422 Jahr
> sagt die fränkisch Cronik offenbar.

Windsheim hatte kein Gebiet als das Dorf Illesheim, das nicht einmal ganz der Republik gehörte, und einige in 25 Orten zerstreute Untertanen, die sich echt republikanisch vom Ackerbau und der Viehzucht nährten und allenfalls sonntags nach dem Bade Burgbernheim gingen. Das Rathaus und die Kirche sind neu und kontrastieren mit den schlechten Häusern des weiten Städtchens. Das Altarblatt, den heiligen Kilian vorstellend, ist nicht schlecht, und die Bürger schienen mir glücklich in ihrer Verborgenheit. Ob die Geschichte dieses ehemaligen Freistaats von 4000 Seelen Stürme früherer Zeit aufzuzählen hat, weiß ich nicht. Montesquieu sagt von den Freistaaten: »Manchmal reißt das Volk mit 100 000 Armen alles nieder, und dann schleicht es wieder mit 100 000 Füßen so langsam wie Insekten« – dieser Fall war in Windsheim physisch unmöglich, und Tyrannen wie Sulla, Nero und Domitian haben sich wohl hier nie gefunden, folglich auch keine Stoiker und kein Cato, daher hatte es auch nicht viel auf sich, wenn der Ratsdiener den Herrn Bürgermeister in allen Bierhäusern und Gärten vergebens suchte und ihm abends sagte: »Ich habe Ew. Weisheit überall gesucht und nirgends finden können!«

Das Bad Burgbernheim zwischen hier und Rothenburg wurde schon im 12. Jahrhundert entdeckt, und zwar durch einen alten Schimmel, den sein Herr aufgab, in Wald jagte und ganz verjüngt im Wildbade wieder fand. Der letzte Markgraf Ansbachs tat viel für das Bad, das jetzt verwildert und Eigentum der Gemeinde ist. Mitten in einem Waldtale, wo sich allerdings viel machen ließe, entspringen fünf Quellen, worunter die Doktorsquelle *jure ipso* die erste ist, dann der Bad-, Koch-, Augen- und Musketierbrunnen. Wohngebäude sind nur drei, und das Ganze ein wohlfeiles, stilles, einsames Bad, das einst Uz begeisterte. Dichter finden leichter denn gemeine Leute ein Tempe, mein Tempe wäre es nicht, schon wegen der Einrichtung, Bewirtung und des ganzen lazarettmäßigen Ansehens. Man sagte mir zu Ansbach, das Bad

Höchstadt an der Aisch

sei sehr besucht; ich fand sechs Gäste, und da ich aus den böhmischen Bädern kam, wo man nur nach Tausenden zählt, so kam mir diese Frequenz so komisch vor wie die Armeen unserer weiland regierenden Reichsgrafen à 20 Mann. Das Interessanteste ist noch die Aussicht vom sogenannten Teufelshäuschen, eine Anspielung auf die Versuchungsgeschichte im Evangelium. Die Versuchung ist hier minder stark, denn man sieht nur das ehemalige Reich von Windsheim.

Interessanter als diese Orte ist unstreitig Rothenburg, wenn es gleich auch zu den kleinen Reichsstädten gehörte, denn das Tal der Tauber, die in der Nähe zu Weringen entspringt, hat malerische Schönheiten, und die altertümliche Stadt selbst auf einem breiten Bergvorsprung von 1200 Fuß Höhe mit ihren weiten Mauern und Türmen, die das an Höhe und Schlankheit ersetzen, was ihnen an Dicke abgeht, führen die Imagination in das Mittelalter hinein wie Nürnberg. Viele Fehden müssen einst hier getobt haben, denn Rothenburg zählte einige zwanzig Burgen in seinem Gebiete, worunter die Ruine von Gailnau die interessanteste sein dürfte. Der Ritter Sankt Georg auf dem Markte könnte daher wohl besser geraten sein, die Stadt selbst aber imponiert in der Ferne wie mancher große Mann.

Rothenburg hatte nach Nürnberg, Ulm und Hall das ansehnlichste Gebiet, sechs Quadratmeilen, umgeben mit einer sogenannten Landwehr, 6000 Stadtbewohner und 18 000 Land-Untertanen. Getreidebau und Viehzucht blühten, die Bauern waren wohlhabend, die Stadt nicht besonders verschuldet, das Spital reich, das Bier berühmter als der Wein, der an ihrem Berge wächst, und man fing selbst an, in der Pferdezucht es dem Ansbacher Nachbar gleichzutun. Die alte Hügelstadt hat einige schöne Straßen, z. B. die Galgengasse und Herrngasse, in der jetzt Gras wächst; das Rathaus ist ungleich schöner als Frankfurts Römer. Es gibt auch ein Freuden-Gäßchen, Pfäfflein-, Rosen-, Rosmarin- und Erbes-Gäßchen neben einem Halbdutzend Wetten, d. h.

Schwemmen. Die gotische Hauptkirche, neben der das alte Schulgebäude steht, mit einem ehrwürdigen Portale, hat zwei einander gegenüber stehende Orgeln, die einst zugleich orgelten, während Engel die Bewegung der lebendigen Musikanten nachmachten, jetzt aber als *emeriti* von aller Arbeit ruhen wie Bürgermeister und Senatoren auch.

Man kann in neu angelegten Alleen die Stadt umgehen, nur schade, daß man gerade an der schönsten Seite die altertümlichen Mauern verlassen, tief ins Taubertal herab und dann wieder auf steinigem Pfade heraufsteigen muß. Sollte sich dies nicht ändern lassen zur Aufnahme des heitern Wildbads im Taubertale? In alten Zeiten war es stark besucht, und in neuerer hat die Stadt Anstrengungen gemacht, die lobenswert sind, wodurch es bereits den Nachbar zu Burgbernheim überflügelt hat, der zwar schöne Wälder, Schatten und größere Kulturfähigkeit hat, aber lange nicht die elegante Einrichtung und gute Bewirtung, weder das schöne Taubertal noch ein Rothenburg. Noch einen zweiten Pavillon (wird wie Babylon ausgesprochen und abgeleitet von Babil) mit Billard und mit einigen Nebenzimmern, damit Spieler und Raucher aus dem Speisetempel entfernt werden, in beiden Tälern der Natur etwas nachgeholfen, ein posaunender Bade-Arzt, und es ist geschehen. Bei der ungeheuren Menge deutscher Bäder wird ein kleines, bescheidenes Bad so leicht übersehen wie ein Einspänner vor einem großen Gasthof oder eine Kalesche ohne Posthorn vor den Toren der Hauptstadt.

Mit geringen Kosten ließen sich die engen, einsamen Täler nach Gebsattel und der Papiermühle englisieren, und das Taubertal nach Detwang und Hohbach über die malerische Brücke mit Doppelbogen hat so viele Schönheiten, daß höchstens auf bessere Wege und mehr Schatten Rücksicht zu nehmen wäre. Dieses Tal wäre für heitere Kurgäste, jenes für Murrköpfe, die erst im Bade heiter werden sollen. Hohbach ist ein stiller, artiger Landsitz Herrn Zahns, in der Nähe des Pfarrdorfes Botwar, der seinen Namen von einem alten Schlosse hat, dessen Ruinen aber verschwunden sind wie die von der Burg Selteneck gegenüber an der Straße nach Creglingen. Burgstall ist das Landgut eines würdigen Greises, Herrn Bürgermeister Rösler, und zu Brettenfeld können Herren mit türkischem Geschmack eine Wirtstochter bewundern à 300 Pfund!

Das kleine Bad besteht aus zwei hübschen Gebäuden, gegenüber ist die Tauber, mit einem neuen Badgebäude, in der Mitte die schön gefaßte Quelle mit Tränen-Weiden, eine schöne Linde, ein Garten mit Pavillons, einige Mühlen, und auf Felsen über uns blickt das alte Rothenburg herab, wohin Treppen führen mit Ruhebänken. Der schöne Wasserfall neben dem Bade ist nur im Kupferstich, veranlaßt durch ein Mühlwehr, wenn die Tauber gerade Wassers die Fülle hat, der Müller steht aber leider fast immer in Spannung mit der Tauber! Ich war aus norddeutschen Bädern hierher gekommen, wo ich für mein Zimmer täglich 1 Taler gezahlt hatte, hier fand ich gleich gute für 30 Kreuzer wöchentlich, der Mittagstisch zu 30 Kreuzer glich einer Fürstentafel gegen meinen nordischen zu 15 Groschen, und der Schoppen reiner, guter Tauberwein zu 12 Kreuzer wäre gegen den verfälschten im Norden wohl so viele Groschen wert gewesen – und nun erst das Rothenburger Bier! Wahrlich, der Süddeutsche ist ein Tor, der ohne besondere Verhältnisse nach norddeutschen Bädern zieht, wo die Genüsse im umgekehrten Verhältnis zu den Preisen stehen. Zu Rothenburg kann man mit 100 Gulden seine sechs Wochen halten, und eine modische, verzärtelte Sechs-Wöchnerin kostet mehr!

Wer ein ruhiges, stilles, wohlfeiles, nicht unwirksames Bad sucht, um die Tage, die man mit Recht Hundstage genannt hat, leichter zu ertragen, komme hierher – er findet wackere Nürnberger, Ansbacher und Rothenburger, und sollte ihm die Badegesellschaft nicht anstehen (was in so kleinen Bädern manchmal der Fall ist), so macht sich die geschlossene Gesellschaft der Ho-

211

noratioren in der Stadt ein Vergnügen daraus, sich ihm aufzu-schließen; ich fand selbst bei den ehrsamen Bürgern Unterhal-tung. Die Rothenburger sind fast nur zu höflich, und daher war es mir ordentlich zur Abwechslung lieb, auf einen Grobian zu stoßen, der aber der einzige blieb. Manche reichsstädtische Sitte schlägt hier noch vor – gehorsamer Diener und gehorsame Die-nerin selbst zum Fenster heraus, und Herr Vetter und Frau Boos überall. Man sieht noch viel Zöpfe, und vor den alten Torwäch-tern stand ich jedesmal still wie zu Wien vor Löschenkohls Kari-katurenbude.

In jedem Badezimmerchen steht eine Kleinigkeit, die ich an-derswo nicht gefunden habe, eine Sanduhr zu zwei Viertelstun-den; sie entlangweilte mich oft in meiner Wanne. Mit dem Stei-gen und Fallen ihres Sandes geht es wie mit Menschen und selbst mit Bergen, die sich bröckeln; so bildeten sich Täler und Berge. Bei ihrer Form dachte ich an Amerika und was damit zusammen-hängt, und wer sollte nicht auch an Freund Hein denken, dessen Symbol sie ist? Ich weiß nicht mehr, wo ich auch eine Sanduhr sah, von einer Schlange gedrückt, Symbol der Zeit, überwunden von der Ewigkeit, und recht lebhaft gedachte ich der Kanzeluhr, die der Religionslehrer meiner Jugend stets umdrehte. Nie ver-ließ er die heilige Stätte, ehe reine vier Viertel – nicht nur zwei Viertel – abgelaufen waren; was an Tiefe abging, glaubte er durch Länge zu ersetzen, selbst wenn er über die Kürze der Zeit predigte – das echte Mittel der Kirche, leer zu predigen. Ein an-derer Prediger machte sogar die Einteilung seiner heiligen Reden nach der Sanduhr und eröffnete das letzte Viertel, wo es gewöhn-lich in der Nutzanwendung am hitzigsten zuging, mit den Wor-ten: »Nun! Meine Geliebten in Christo, das vierte, beste und letzte Gläschen!«

Nach einer geschriebenen Chronik Rothenburgs gab es eigene Grafen von Rothenburg, und der weit hinauslaufende Burgplatz zeigt auch noch die Stelle, wo ihre Rothe Burg stand, die der

Stadt Namen und Wappen gab. Die Grafen starben 1108 aus, übergaben die Stadt dem Reiche, die Kaiser verpfändeten sie an Hohenlohe, sie löste sich aber und wurde ganz frei unter Karl IV. und Wenzel. Lange nach dem Landfrieden hatten die Reichsbürger traurige Fehden mit den Rittern von Thüngen, Vellberg, Crailsheim, Berlichingen, Stetten, Rosenberg etc., die sengten, brannten und Vieh hinwegtrieben, doch fingen sie einen v. Elm, der 9 Werkschuhe lang war, und enthaupteten ihn nebst einigen Helfershelfern. Neben diesen Kämpfen gab es auch viel Streitigkeiten wegen Zöllen und *circa Sacra,* und eine Haupt-Prätension der Stadt, worüber viele Städte-Abschiede vorliegen, war ihr Vorrang vor Rottweil und Überlingen.

Mit Kaiser Karl IV. hatte sie viel zu tun, sie schickten die Senatoren Zuckmantel, Mörder und Vetter; der Kaiser wollte aber mit den beiden ersten Namen nichts zu schaffen haben, sondern hielt sich an Vetter, zu dem er sagte: »Seid willkommen, Vetter«, dieser wurde nun allein gebraucht, worüber die andern erbosten und ihn im Stil des Mittelalters mordeten. Im Jahr 1492 sprach ein Heinrich Haim in offener Zeche im Johanniterhof: »Einer im Rat hat sein Votum verweint (vertrunken), der andere im Schmalz gessen, und ich habe es verspielt«, er mußte wegen solcher politischer oder eigentlich unpolitischer Äußerungen in Turm. Offenbar lag auch in dem Manne aller Zunder zu einem Demagogen, dem es in unsern Zeiten noch weit schlimmer gegangen wäre. Und wie hätte es ihm als Repräsentanten ergehen können!

»Gleichwie alle Reichsstädte nach dem Exempel der Römer *per Consules et Senatores* regiert wurden«, sagt meine Chronik, »so regierten 16 adelige Geschlechter, aber 1451 warfen sich zwölf Zünfte auf, vertrieben die Geschlechter, fanden sich aber *incapable,* eine Reichsstadt mit Landschaft zu regieren, kamen darüber bei den Nachbarn in Verachtung, und so traten sie 1455 das Regiment gutwillig wieder dem vorigen Rat ab.« Das war schön von den Zünften, die im Mittelalter gar oft unruhig wurden, aufrührerisch wie später die Handwerksburschen und selbst gelehrte Burschen, alles aber wahre Lächerlichkeiten, wenn wir an die Sklavenverschwörungen des Altertums denken! Noch schöner war es, daß die Ratsherren den Antrag zur Erhöhung des Gehalts, das in 8 Gulden und 10 Klafter Holz bestand, verwarfen, »weil man sie für *Mercenarii* ansehen möchte«. Die Chronik meldet nicht, ob das römische Gesetz, das *munuscula* bis zu 100 Taler im Jahr anzunehmen erlaubt, bei dem lebhaften Gebrauch des *Corpus Juris* in Deutschland nicht auch im Gebrauche war. Es bleibt ein schlimmes Gesetz. Es ist offenbar besser, gar nichts zu erlauben, als *munuscula* unter einem Gulden, denn man geht nach und nach weiter, und wenn auch nicht der Mann, so versteht doch die Frau, daß zehn Zehntel auch ein Ganzes machen!

Eine sehr interessante Partie im Wildbade ist die nach dem drei Stunden entlegenen Schillingsfürst, der Fußpfad durch Wäldchen, über Dörfer und Höhen ist angenehm, und von dem Bergschloß, das sich wie Waldenburg von überall zeigt, hat man eine allerliebste Aussicht. Der Fürst von Hohenlohe-Schillingsfürst mag etwa eine Quadratmeile Landes mit 3000 Seelen besitzen, und das *invictum castrum* seiner Väter, das vor dem neueren kleineren Schloß war, ist abgetragen, und alles sieht recht ruinenmäßig aus. In dem Städtchen Schillingsfürst von 70–80 Häusern, an dessen Fuße die Wörnitz entspringt, mag sich selten ein Fremder sehen lassen, denn meine Wenigkeit brachte alle Köpfe ans Fenster, und die »Krone« wird so wenig Gäste zählen wie die gegenüberliegende Hofapotheke auf dieser gesunden Höhe. Ich wünsche, daß die von dem Fürsten angelegte Bierbrauerei mehr Gäste finden möge, ihr Bier ist gut, und der ökonomische Fürst schickt sich in die Zeit.

Von Uffenheim weiß ich nichts zu melden, als daß ich da mit Feldhühnern regaliert wurde, viermal wohlfeiler als zu Frankfurt, und zu Ochsenfurt, wo ein Kapuzinerkloster ist, das Erlaub-

Schillingsfürst

nis hat, Novizen aufzunehmen, aber keine finden kann, ist man im Gasthaus zur Schnecke schneller bedient als in manchen Gasthöfen zum galoppierenden Rößlein. Ochsenfurt baut auch Flöße und Schiffe und treibt guten Weinhandel. Sommerhausen und Winterhausen, wo man noch vorüberkommt, ehe man Würzburg erreicht, gehören dem Grafen Rechteren-Limburg, der aus Holland stammt, die Herrschaft Speckfeld erheiratete und zu Markt Einersheim residiert. Seine Grafschaft beträgt 3 Quadratmeilen mit 7000 Seelen und 30 000 Gulden Einkommen.

Würzburg nimmt sich natürlich von den Höhen von Bischofsheim her besser aus als hier im engen Tale, wo die Berge viel zu nahe sind. Schon die Rebstöcke, steif und geordnet wie ein Regiment, und die dürren, einförmigen, krüppelhaften Reben selbst können nicht so schön sein wie Wälder und Gärten, und nun noch die Festungswerke! Man tut wohl, im »Schwan«, oder, wie man hier spricht, wenn man gut sprechen will, »in der Schwane« einzukehren, obgleich der Bayrische Hof andere Vorzüge haben mag. Hier hat man den Main vor seinen Füßen, die lange, stets belebte Brücke zur Seite und Marienbergsfeste, das Vaterland des Leistenweins, vor den Augen. Und da der Mensch nicht vom Anblick leben kann, so hat man auch alles, was zur Nahrung und Notdurft des Leibes gehört, gut und billig. Mit Würzburger Weinen wird so viel Unfug getrieben, daß man selbst in Würzburg nicht immer Würzburger bekommt, aber doch stets Frankenwein und keine fremden oder fabrizierten Weine wie anderwärts. Es wird ja auch in Deutschland allein weit mehr Champagner getrunken als die Champagne erzeugt, wie zu London mehr Portwein als Portugal hervorzubringen vermag, und wofür wäre auch Cidre, Branntwein, Schlehen-, Preiselbeeren- und Heidelbeerensäfte?

Würzburg mag immer eine schöne Stadt genannt werden. Die gerade Domstraße ist so lebendig wie die Frankfurter Fahrgasse, wenn auch nicht gerade durch Handelsangelegenheiten, und ebenso auch der Ober- und Untergraben mit Alleen. Das Schloß mit seinem weiten Platz und Kolonnaden ist schön und einer der regelmäßigsten Paläste Deutschlands nach einem Plan, fast zu groß und zu schön für einen geistlichen Fürsten, was Kaiser Joseph wohl sagen wollte, als er es das schönste Pfarrhaus Deutschlands nannte. Die weite Treppe, ein Meisterwerk mit den Freskogemälden von Tiepolo, gibt den Fußtritten einen donnerähnlichen Widerhall, wo Offiziere und Studenten die Resonanz ihrer Sporen, Säbel und Steifstiefel am vollkommensten genießen können. Der Hofgarten hinter dem Schloß, ehemals Wall, ist in eine englische Anlage verwandelt, wo man nach geendigtem Hochamt in der trefflich akustisch gebauten Hofkapelle alle Engel Würzburgs trifft, im größten Modestaat – ganz frisch von Mainz oder Straßburg!

Nach Besichtigung des Palastes verdient auch der geräumige Hofkeller, der jetzt wohl noch geräumiger geworden ist, einen Besuch. In den 1790er Jahren war solcher reichlich gefüllt, selbst mit 28er und 48er noch, und die Freigebigkeit stand im schönsten Verhältnis zu seinem Reichtum. Man tat wohl, zuvor oben alles recht zu besehen, ehe man in die unteren Teile des Palastes stieg, wie zu Pöllnitz' Zeiten, der da sagt: »Je trouvais la cave illuminée comme une chapelle qui devait servir à mes funérailles; elles se firent avec pompe, les verres servirent de cloches, au lieu de pleurs on répandit du vin, et, le service fait, deux Heiduks du Prince me portèrent dans un carosse et de là dans mon lit, mon tombeau. Il n'y a jamais ici un tête-à-téte sans un tiers, la bouteille, ce sont les descendants de Silène!« Mein lieber Jean Jacques sagt: »Les gens faux sont sobres et réservés, un homme franc ne craint pas le babil qui précède l'ivresse« – zu deutsch:

Wer niemals einen Rausch gehabt,
der ist kein braver Mann etc.

218

Festung und Brücke zu Würzburg

Rathaus zu Würzburg

und hieran ist viel Wahres, und daß wir jetzt den freundlichen Willkomm nur noch in Kunstkabinetten zeigen, ist so eine Sache.

Der Dom ist merkwürdig, nicht wegen des heiligen Patronen Kilian, der eben nicht nötig gehabt hätte, mit Unverstand zu eifern gegen des Herzogs Gosbert Ehe mit des Bruders Witwe, was auch eine heutige Geilana ungnädig aufgenommen haben würde, sondern wegen manchem schönen Monument und Gemälde. Auf dem Hochaltar steht Maria vor einem Fenster von gelbrotem Glas, und das einfallende Licht gibt ihr einen wundervollen Heiligenschein, der ganz natürlich ist. Unter den Gemälden steht Sandrarts Kreuzabnahme obenan, und auf dem sogenannten Bruderhof vor dem Dom ist eine Säule mit Urne zum Andenken des Fürstbischofs Conrad von Ravensburg, der hier von seinem Vetter 1802 erschlagen wurde. Ihr Gegenstück ist das Monument im Mainviertel jenseits der Brücke, wo 1558 Fürstbischof von Zobel durch gedungene Mörder des berüchtigten Grumbach gemeuchelmordet wurde. Grumbach, Stein, Zettwitz und Mandelslohe befehdeten also Würzburg noch 60 Jahre nach geschlossenem Landfrieden – so schwer herrschen gute Gesetze über schlimme Sitten!

Würzburg hat noch mehrere schöne Kirchen, z. B. das Neue Münster, das Hauberstift etc. Es war ja eine geistliche Stadt und hat daher auch eine wunderbare Harmonie der Glocken. In der Karmeliterkirche kann man an der Kanzel sehen, wie es Elias eigentlich gemacht hat, um lebendig in Himmel zu fahren, und das Hauberstift war das Theater, wo Hohenlohe Wunder tat. Bei Nervenzuständen ist die Einwirkung des Gemüts so kräftig wie der Galvanismus, und so sprach der Prinz hie und da nicht ohne Erfolg, begleitet von angemessener Mimik, die imposanten Worte: »Gehe hin, dein Glaube hat dir geholfen.« Von den Gläubigen der alten Zeit haben wir keine so sicheren Nachrichten, von denen unserer Zeit aber wissen wir, daß mancher, der seine Krücke wegwarf, auf die Nase fiel!

223

Das mit Recht berühmte Juliusspital, das der Fürstbischof Julius aus dem Geschlecht Mespelbrunn, der würdigste Regent Würzburgs (gest. 1617) stiftete für 150 Personen, gibt an äußerer Pracht einer Residenz wenig nach. Vor demselben sind schöne Alleen, und das Innere entspricht ganz seinem Zweck. Würzburg besitzt kein Opernhaus, aber dieses Krankenhaus macht dem Fürsten mehr Ehre als das größte Opernhaus. Es ist auch eine klinische Anstalt, Anatomie und botanischer Garten damit verbunden. Die Kirche entzückt durch ihre schöne Einfachheit, in der Mitte steht Altar und Kanzel, und am mittleren Fenster gießt eine der klugen Jungfrauen Öl in ihre Lampe zur Erhaltung des ewigen Lichtes. Dieser Bischof Julius erwartet noch seinen Biographen und ist ein lehrreiches Beispiel, wie viel *ein* Mann zum Wohl eines ganzen zerrütteten Landes vermag, wenn ihm ernst ist und Pflichtgefühl ihn leitet.

Neben Julius steht der vorletzte Fürstbischof Erthal, der nicht nur als zweiter Stifter angesehen werden mag – denn das Spital war durch schlechte Haushaltung sehr herabgekommen, die Offizianten schwelgten, und die Kranken darbten –, sondern auch ungemein viel für Schulen tat, namentlich für die Landschullehrer mit ihrer alten hölzernen Erziehungsmethode; er war der Meinung, daß zu einem guten Schullehrer mehr Einsichten und Tugenden gehörten als zu einem Oberhofmeister und Hofmarschall, folglich auch wenigstens ein Zwölftel ihres Gehalts. Erthal tat viel für sein ganzes Land, für sich aber so wenig, daß er fast mönchisch lebte. Er war ein wohlmeinender Frömmler, reiste predigend im Lande herum, als ob er einer der alten Bischöfe wäre ohne Land und dem Fürsten Oberaufsicht und weltliche Regierungsgeschäfte nicht weit näher lägen als Predigten. Aber er war ein zweiter Bonifatius, den ich selbst kennenzulernen Gelegenheit hatte, und Dr. Berg hat ihm eine würdige und wahre Leichenpredigt gehalten, die aber manchem so mißfiel, daß sie solche seinem Nachfolger einreichten und gewisse Blätter einbo-

Das Juliusspital zu Würzburg

Der Kürschnerhof zu Würzburg

Die St. Burkhardskirche in Würzburg

gen, worauf dieser resolvierte: »Ich finde nichts Anstößiges darinnen als die Eselsohren!«

Mit dem Spital ist ein Irrenhaus verbunden, das man billig nicht jedem Gaffer zeigen würde, wenn man mehr an Heilung der armen Geisteskranken als an Aufbewahrung denken wollte. Reil nennt die Irrenhäuser Kirchhöfe des gestorbenen Verstandes. Der Verstand ist meist nur scheintot, aber bekümmerten wir uns viel mehr um Scheintote, so müßte es weit mehr Leichenhäuser geben; auch gehört viel Verstand dazu, diejenigen klug zu behandeln, die den ihrigen verloren haben. Die Zahl der Irren steigt notwendig mit der Kultur, denn wo Gehirn und Leidenschaften ruhen, gibt es nicht leicht Irre. Unsere Alten hatten nur wenig Irre (vielleicht, daß die Klosteranstalten hier Gutes stifteten), und ganz Australien liefert weniger Irre als die kleinste deutsche Residenz. Ehrgeiz, Geldgeiz und Liebe bevölkern die Irrenhäuser, daher solche so gut wie die Literatur als Kultur-Maßstab dienen könnten. Die heilbaren Narren werden zur angemessenen Arbeit angehalten und den Gebildeten wird Lektüre gereicht. Man will bemerkt haben, daß unsere mystisch-romantischen und auch humoristischen Schriften vorzüglich anschlagen.

Es ist ein mehr trauriger als komischer Anblick um eine solche Narrensammlung, und ich mag keine mehr sehen; die arme Billy im *Man of Feeling* tritt sogleich vor meine Seele. Ein Narr, der vor andern privilegiert schien, schloß sich an unsere Gesellschaft an und sprach latein: »*Ego debeo portare lignum et sum Theologus!*« Er nannte und stellte uns andern Narren vor und äußerte zuletzt: »Ja! Wir können Gott nicht genug danken, daß wir alle bei so gutem *Ingenio* sind.« Doch diese Sprache hört man so oft auch außerhalb der Narrenhäuser, daß ich nicht abgeneigt bin, die Welt selbst für unseres lieben Gottes Narrenhaus zu halten, und die Vorschule scheinen mir unsere Universitäten. In dieser unmaßgeblichen Meinung fragte ich auch meine werte Gesellschaft: »Hat man uns denn auch alle wieder herausgelassen?«, und da ein großer Weltmensch, *salvo titulo,* Feuer fangen wollte, so unterdrückte ich es durch meine fortgesetzte Verwunderung, die ihn plötzlich in seinen Leib-Ideenkreis bannte, daß man in deutschen Irrenhäusern nicht mehr Kantlinge und Weltreformatoren antreffe, sie müßten sich im Leben doch weniger verkehrt aufführen als in ihren Schriften. In englischen Irrenhäusern findet man auch religiöse Schwärmer; doch:

Le monde est plein de fous
et qui n'en veut pas voir
doit s'enfermer chez lui
et casser son miroir!

Merkwürdig sind im Naturalienkabinett die Naturmosaiken des Professor Blank, ehemals Minoriten, aus reinen Naturstoffen, Holz, Moos, Vogelfedern, Samenkörnern, Schmetterlingsflügelstaub etc. zusammengesetzt mit der Geduld eines Mönchs, gegen 500 Stücke. Vorzügliche Wirkung tun die Vogelfedern und der Flachs bei Abbildung der Wellen im Rheinfall wie im Meersturm, für den ein Engländer 4000 Gulden bot. Für sein gelungenstes Werk erklärt der Meister selbst den feuerspeienden Vesuv, und das Feuer besteht aus den unteren Flügeln der Grille!

Die Universität Würzburgs ist eine der ersten katholischen Universitäten, die stets ausgezeichnete Lehrer hatte, wo Kant zuerst öffentlich gelehrt wurde und stets viele protestantische Mediziner und Chirurgen Unterricht suchten. Wem wäre der Name Sibold unbekannt? Billig sollte es aber weder katholische noch protestantische Universitäten geben, sondern Universitäten schlechtweg, was sicher auf vernünftigere Religionsansichten führen müßte.

Dr. Heines orthopädisches Institut zählte 1825 über 200 Kranke, selbst aus England und Rußland, und hat seine eigene Werkstätte für Fertigung der Maschinen und Instrumente. Was die

Der Mainkran zu Würzburg

Das Kranentor zu Würzburg

Herren Burschen betrifft, so bemerkt man sie hier nicht, denn Würzburg zählt 20000 Seelen, hat viel Verkehr, und die Garnison besteht aus einem Infanterieregiment, einem Regiment Chevaux-legers und einem Artilleriekorps. Noch muß ich Blanks trefflicher Mineraliensammlung gedenken, und es kann nicht schaden, wenn sich Mineralogen und Sammler aller Art auch die *lithographia* (Wirceb. 1726 fol.) des Professor Beringer zeigen lassen. Der gute Mann war so sehr in Versteinerungen verliebt, daß er auch die Kalksteine, auf die seine Zuhörer seltsame Figuren, Tiere, Hieroglyphen etc. ätzten und dann wieder in die Berge versteckten, nicht bloß sammelte, sondern auch beschrieb und in Kupfer stechen ließ, 200 an der Zahl, ehe seine Augen geöffnet wurden! Beringer suchte nun das Buch zu unterdrücken und starb aus Verdruß, aber viele dieser Versteinerungen und das Buch verewigen sein Andenken in vielen Naturalienkabinetten.

Würzburg war der ausgezeichnetste geistliche Staat in unserer Zeit, und dann kam Salzburg. Würzburg und Bamberg, häufig vereint im gesegnetsten Teil Deutschlands, waren mehr als die Erzstifte Trier oder Köln, und in Hinsicht der Aufklärung fand ohnehin keine Vergleichung statt. Wahrlich, die Nachkömmlinge Kilians und Burkhards, die es bis auf 95 Quadratmeilen Land mit 300000 Seelen und einer Million Einkünfte brachten, durften schon den Titel Herzöge von Franken und das Schwert führen, und damit die herrliche Pfründe stets dem niederen Adel bleibe, so war das Gesetz recht klug ausgedacht, daß jeder Kanonikus bei seiner Aufnahme durch die Ruten der älteren Kanoniker laufen mußte – kein Prinz wollte Spießruten laufen!

Würzburg wurde zuvor, ehe es an die Krone Bayerns fiel, mit Ausnahme einiger Entschädigungsdistrikte für die Häuser Löwenstein, Hohenlohe, Leiningen und Salm sogar noch Großherzogtum! Die Truppen Würzburgs waren kaum mehr von Österreichern zu unterscheiden und meines Wissens dabei, als der Held Deutschlands am 3. September 1796 den Sieger von Wattigny und Fleurus (der zur Betrachtung der feindlichen Stellung zuerst den Luftballon als Kriegswerkzeug gebrauchte, wovon man später nichts mehr hörte) aufs Haupt schlug in der Gegend Würzburgs, und die Bauern der Rhön und des Spessart halfen patriotisch nach!

Würzburg zeichnete sich stets vor allen katholischen Staaten durch hellere Religonsansichten aus, obgleich die letzte Hexe hier verbrannt wurde und Maria kaum in Bayern höher steht, wie in einem eigenen Liede des Würzburgischen Gesangbuches, »Maria Beschützerin des Frankenlandes«, bewiesen wird, denn sie steht auf der Spitze des Marienberges oder der Feste, und ihre Kirche ist mitten im Herzen der Stadt, daher es heißt:

> Maria dich liebt Würzburg sehr,
> wo tut ein' Stadt desgleichen mehr,
> in Würzburg an so manchem Haus
> sieht ein Marienbild heraus –

und dies muß ich selbst bezeugen. Dieselben Marienbilder kann man sonntags in dem Hofgarten oder auf der Aumühle sehen, oder um mich in Würzburger Sprache auszudrücken, die alle Endsilben haßt: im Schloßgarte und auf der Aumüll! Sie sind voll Gnaden wie die Gebenedeite.

Die eigene Behaglichkeit der geistlichen Herren und ihr ganz eigenes *embonpoint religieux* läßt sich nun nicht mehr zu Würzburg studieren, aber noch sieht man da liebliche Madonnengesichtchen, wo das Himmlische das Irdische sanft verschleiert. Wahrlich, die protestantischen Schönen entbehren viel, den katholischen reicht Maria jenen eigenen Augenaufschlag, der so viel Verliebtes hat, und jenen Schwung des Überirdischen, der einen Imaginations-Mann so sehr zu begeistern vermag. Das Auge sagt: Wir entsagen der Sünde und ihrer Lust – um von neuem zu sündigen. Der Priester erteilt ihnen leichte Absolution. Oft habe

Frauenkapelle zu Würzburg

Würzburg von Steinberge aus

ich in meiner Jugend Marien oder, weil ich einmal als Ketzer keine Wunder glaube, den Mittelspersonen im stillen Dank gesagt. Doch bei Prozessionen stößt man auch wieder auf scheußliche weibliche Larven, die Bigotterie verzerrt auf dem Lande die Gestalten, und die Madonnen gleichen einer Viehmagd und die Christusbilder wahren Fleischersknechten.

Man behauptet, Würzburg sei die wärmste Gegend Deutschlands. Nach der Weinlese zu urteilen, die später ist als am Rhein, sollte man es nicht glauben; indessen die Enge des Maintals macht die Sache möglich. Die Wohlfeilheit fällt auf, schon wenn man von Frankfurt und vom Rhein herkommt, geschweige aus dem Norden. Aber wie kommt Franken – denn Würzburg ist Franken *par excellence* – zu seiner Schweren-Gulden-Rechnung? (75 Kreuzer). Auffallend ist die Jovialität des Volks in diesen gesegneten Gauen, und sie hat offenbar ihren Sitz im Frankenwein. Das gute *Herbipolis* oder die Würzstadt ist nicht mehr die alte, so wie wir uns nicht mehr wie die guten Alten mit den Wurzeln gewisser Kräuter im Wurz- oder Küchengarten begnügen statt des Gewürzes, und hat viel verloren, daß es kein eigener Staat und keine Residenz mehr ist – noch mehr hat es verloren durch österreichische Papiere, aber unverwüstlich ist der Frohsinn dieser Franken. Es blühe der Frankenwein!

Niemand versäume, die alte Burg zu besteigen, vormals die Residenz der Bischöfe, oder den Marienberg, den Dalaglio so tapfer gegen Augereaus Korps verteidigte, denn die Aussicht ist so lohnend wie vom gegenüberliegenden Nikolai-Berg *vulgo* Käppele (Kapelle). Gegen die Stadt hin ist die Feste vollkommen unzugänglich durch steile Felsen, aber von der anderen Seite wird sie von mehreren Bergen dominiert. Auf den Kapellenberg führen steinerne Treppen, denn die obenstehende Marienkapelle ist stark besucht, und stets sieht man Betende vor den nicht übel geratenen Leidensstationen. Die schönste Aussicht ist wohl vom Steinberge. Zu den öffentlichen Vergnügungsorten gehören der Kaisergarten, der Schießplatz, der Huttensche Garten (die Gemäldegalerie der Hutten konnte ich nie sehen), die Aumühle, ein stark besuchter Tanzboden, mehrere Felsenkeller, davon einer »der letzte Hieb« heißt, nicht vom Sprichwort »der hat seinen Hieb«, sondern vom nahen Hochgericht. So gibt es auch ein Klein-Venedig, Smolensk, Moskau etc. Vergnügungsorte in Menge, aber leider kann man zu den wenigsten im Schatten gelangen!

Man macht Partien nach Himmelpforten, Oberzell, Unterzell (wo Maria Renata Sengerin lebte, die als Hexe 1749 hingerichtet wurde), Randersacker, Rottendorf, Heidingsfeld, der stärkste Judenort in Franken nach Fürth, und nach den entfernten Lustschlössern Veitshöchheim und Werneck, die natürlich verfallen, wie nach Sommerhausen, wo trefflicher Wein wächst, Ochsenfurt, Marktbreit, Marktsteft, Kitzingen, Volkach, Wiesentheid, Gaibach, Dettelbach und fährt auf dem Main wieder zurück. Zu den schönsten, fruchtbarsten Landstrichen des gesegneten Franken gehört die Gegend von Possenheim, wo die alte Burg Speckfeld romantisch das Ganze beherrscht. Hier haben die Grafen Rechtern ihre Güter, ungleich bedeutendere aber das Haus Schwarzenberg.

Das Fürstliche Haus Schwarzenberg, dessen Stammschloß hier liegt und dessen Gebiet zu 14 Quadratmeilen mit 24 000 Seelen gerechnet wird, wozu Marktscheinfeld und die gewerbsamen Orte Marktbreit, Mainbernheim, Marktsteft etc. gehören, hat noch weit bedeutendere Besitzungen in Österreich, daher der Fürst zu Wien lebt. Das Haus teilt sich in zwei Linien, Schwarzenberg und Seinsheim. Der Rabe in ihrem Wappen, der einem Türkenkopf die Augen aushackt, bezeugt, daß die Schwarzenberge sich einst in den Türkenkriegen (sie nahmen die Festung Raab) so sehr auszeichneten wie in unseren Zeiten; neben dem Raben dürften sie jetzt auch Napoleons Adler setzen!

Wiesentheid und Gaibach gehören den Grafen Schönborn,

242

Kitzingen

die gleichfalls weit mehrere Besitzungen in Österreich haben und daher auch zu Wien leben. Diese kleinen Souverains begreifen gewiß weit eher als andere, die nie von ihren Hufen gekommen, was Montesquieu sagen wollte, wenn er sie *Martyrs de la Souveraineté* nannte. Die Schönborn teilen sich in zwei Linien: Schönborn Wiesentheid Pommersfelden und Schönborn Heusenstamm, welches bei Frankfurt liegt unter hessischer Hoheit. Auch die Grafen Castell haben in diesen Gegenden, die man den Steigerwald nennt, ihre zerstreuten Güter, die fünf Quadratmeilen mit 10 000 Seelen und 60 000 Gulden Einkünften enthalten mögen. Sie teilen sich auch in zwei Linien, Castell Remlingen und Castell Rüdenhausen. Ein Graf Friedrich war einer der entschlossensten Verteidiger der Reformation. In dem Flecken Remlingen mit Schloß und Garten steht die Ruine der Stammburg, von der man eine schöne Aussicht hat. Nicht leicht wird ein kleines, tief verschuldetes Haus einen so tüchtigen Geschäftsmann von so viel Nutzen für das Ländchen gehabt haben, wie Castell in seinem Geheimen Rat v. Zwanziger hatte, der als Kreisgesandter und Bankier 1800 zu Nürnberg starb.

Auf einem Vorsprung des Steigerwaldes, der hier endet, und recht in der Mitte Frankens liegt das der Familie Pöllnitz gehörige Bergschloß Frankenberg, von dem die Aussicht einzig ist. Auf diesem Berge sollen einst die Franken ein Lager gehabt haben und die Schwaben gegenüber auf einer ähnlichen Bergspitze, genannt Schwabenberg. Vielleicht rührt schon von daher der nachbarliche Haß zwischen Franken und Schwaben. An der Straße nach Bamberg und noch am Main liegt der berühmte Wallfahrtsort Dettelbach und weiterhin die berühmten und reichen Prälaturen Schwarzach und Ebrach, die jetzt in Privathänden sind. Noch fehlt es nicht an Andächtigen zu Dettelbach, wenn auch die Zahl weit geringer ist als sonsten. Hier gefielen sich die Kinder des heiligen Franz nicht wenig; robust und von Gesundheit strotzend bedienten sie den Wallfahrtsort mit der größten Artigkeit, so daß er einer der berühmtesten in Franken war, und hatte treffliche Kasuisten, die mit den Todsünden und den erläßlichen Sünden und dem Gewissen der Kinder dieser Welt fein umzugehen und schlau zu distinguieren wußten.

Schwarzachs schöne Kirche verdient einen Besuch. Der Plafond ist von Holzer gemalt, und es ist sein Meisterstück! Schade, daß man Plafondgemälde nur in Schlafzimmern bequem betrachten kann! Aber auch andere herrliche Gemälde von Bergmüller, Tiepolo und Piazetta sind vorhanden, und ein *ecce homo,* wo einer der Kriegsknechte als Kroat gekleidet ist, daher ein wirklicher Kroat das Stück in tausend Stücke hauen wollte, bis ihm ein schlauer Mönch begreiflich machte, daß jener Kroat ja offenbar die Absicht habe, den Heiland vor der Kreuzigung zu bewahren. Schwarzach stand aber weit hinter Ebrach zurück, die reichste Zisterze Frankenlands, die tief aus einem engen Waldtale des Steigerwaldes hervorsieht wie ein Königssitz. Man sagte sprichwörtlich, Ebrach sei um ein Ei ärmer als Würzburg. Die Prälatur hat wenigstens 300 000 Gulden Einkünfte und übte stets Gastfreiheit, ob sie gleich, an der Heerstraße liegend, gar oft in Anspruch genommen wurde und unverschämte Fremde gar oft des Sprüchelchens vergaßen »Ein dreitägiger Gast, eine Last«, doch – sie hatten es, und Jesus und alle seine Apostel hatten nicht den tausendsten Teil!

Mit Ebrach lebten die Fürstbischöfe Würzburgs in ewigem Streit wegen der Reichsunmittelbarkeit. Wenn sie aber starben, kamen ihre Herzen hierher, begleitet vom ältesten Hofdiener mit vier Pferden und Wagen, die dem Kloster verblieben, und auch der alte Diener. Neben diesen kalten Fürstenherzen ruhen hier viele Tote aus erlauchten Häusern, auch ein Conrad von Teufel, neben seiner Mutter Mathilde, daher es zu den ständigen Klosterspäßen gehörte, den Fremden das Grab zu zeigen mit den Worten: »Hier ruht auch der Teufel und seine Mutter!« Indessen gab es hier sehr gebildete Mönche, die mit der Zeit möglichst

246

Schlüsselau an der Ebrach

Schloß Mainberg

fortgeschritten waren, wie auch schon ihre Bibliothek bewies, wo man Kant, andere neuere Philosophen und unsere besten Schöngeister fand, und nicht zur Parade, denn sie sahen ziemlich beschmutzt aus. Das Archiv war gleichfalls in bester Ordnung, und stets war man sicher, gute Gesellschaft aus der Welt anzutreffen, *utriusque generis et neutrius,* zwischen Ceres und Bacchus. Ich halte mich für verbunden, dem verewigten Kloster dieses Lob- und Dankopfer zu bringen mit dem Wunsche, daß die Monumente daselbst besser erhalten werden möchten als anderwärts, zum Gedächtnis dieser ausgezeichneten Prälatur, deren gastfreie Bewohner keinen andern Feind kannten als den Schlagfluß.

Die entfernteste Partie von Würzburg ist die alte Reichsstadt Schweinfurt, *Trajectus Suevorum.* Könnten sich nicht die Schwaben beschweren, daß man sie nicht gleich den Franken zu *Frankfurt* verewigte, sondern *Schweine* aus ihnen machte? Vielleicht geht es aber doch die Schweine wirklich näher an, wie Ochsenfurt die Ochsen, und es ist auch unentschieden, ob Haßfurt von *Hessen* oder *Hasen* herkomme. Schweinfurt mit 6000 Seelen liegt an einer vom Mainufer sanft aufsteigenden Anhöhe recht angenehm, und das Gebiet bestand kaum in einer Quadratmeile, aus vier Dörfern und einigen Höfen. Reichsritterschaftliche Orte liegen in Mengen umher, die Kanzlei des Kantons Rhön-Werra war hier, und wo Ritter hausten, fehlte es auch selten an Juden, daher der Satz »Wo Geld ist, da sind auch Juden« nicht zu Recht besteht.

Schweinfurt hat eine ganz freundliche Physiognomie, der Markt ist groß und ansehnlich, nicht so das Rathaus, ob es gleich das stattlichste Gebäude der Stadt ist, so stattlich wie die Mühle mit 16 Gängen, die man zu zeigen pflegt. Die große Stadtmühle zu Schilda wurde erbaut, um dem Brotmangel abzuhelfen, denn der Rat schloß in seiner Weisheit: in Mühlen gibt's Mehl, und wo dies nicht fehlt, fehlt auch das Brot nicht, schloß aber wie gewöhnlich falsch; daher wünsche ich Schweinfurt, das kein Schilda ist, es möge wahr sein, daß seine Mühle jede Stunde einen Dukaten eintrage, zumal die Haupteinanahme durch die Wein-Mißjahre verkümmert ist und man nur mit Wehmut an das Jahr 1728 denkt, von dem die Inschrift an der Bürgerscheune sagt:

In diesem Jahr ein Eimer Most
Hier in dem Land acht Batzen kost.

Gustav Adolf schenkte der Stadt 18 Würzburger Dörfer, die natürlich ihr nicht blieben; aber das Gymnasium, das er gestiftet haben soll, blieb und heißt *Gustavianum*. Die Maschine auf der Mainbrücke, der Naschkorb, in dem man die Felddiebe in den Main hinabließ, nicht, um sie zu ersäufen, sondern nur naß zu machen und zu beschimpfen, ist natürlich verschwunden. Die öffentlichen Spaziergänge sind der mit Linden und Kastanien besetzte Bleichwasen und einige Eichenwäldchen. Schweinfurt ist die Vaterstadt des Conrad Celtes (Meißel), der die erste gelehrte Gesellschaft in Deutschland stiftete, die *Societas rhenana,* die zu Heidelberg ihren Sitz hatte, und Kaiser Friedrich III. krönte ihn zum ersten deutschen Dichter, was freilich über die *Plenitudo potestatis* hinausging. Der Historiker Cuspinianus (Spießhammer, ebenso schwer zu erkennen wie Daries – von Bock – im lateinischen Modegewande) ist auch hier geboren, und an Doktoren fehlte es der Stadt nie – sie war ja Reichsstadt. Nie ward sie von Patriziern gequält, wenn auch gleich die Ratschlüsse »auf großgünstigen Befehl eines Hochedlen und Hochweisen Rats« nicht sehr bürgerlich lauteten, und ihre Patrizier waren die Studierten oder Doktoren, vor denen die Stadwache schulterte; ich zähle deren mehrere unter meine Erlanger Freunde und wünsche, daß sie dies noch lesen mögen – ohne Brillen!

Die Straße von Schweinfurt nach Bamberg geht dicht an den gesegneten Ufern des Mains hin, über die vormaligen Reichsdörfer Sennfeld und Gochsheim, die sich durch Wein- und Gemüsebau auszeichnen; Zwiebel- und Meerrettich-Liebhaber könnten nirgendwo besser wohnen. Man kommt am Schloß Wahnfried vorüber, den Seckendorfern zuständig, gegenüber liegt das Kloster Darves, dann Haßfurt und Zeil mit einer Burgruine, Schmachtenberg ist wieder eine Burgruine, dann kommen noch welche, und endlich Eltmann und Bamberg, Limbach mit dem Gnadenbilde nicht zu vergessen. Es muß hier sehr ritterlich zugegangen sein, aber die alte Bettenburg des Truchseß von Wetzhausen hat doch das ritterlichste Ansehen. Gern verzeiht man diese Grille, wenn man soviel Edles von dem greisen Ritter hört, was man von andern nicht hört. Er hat auch das schönste und genießbarste Denkmal dem Lukullus gesetzt, denn hier findet man den ersten aller Kirschengärten Deutschlands, wohl einige hundert Arten Kirschen. Das Gnadenbild zu Limbach aber hat ein Gnadenwasser, das Blinde sehend macht, und tut nicht Wasser aus dem Jordan noch mehr, und macht nicht das Wasser des Ganges gar selig? Das Gnadenwasser wirkte aber auch umgekehrt. Ein ungläubiger Hebräer tränkte einst seinen blinden Gaul damit aus Spott – der Gaul wurde sehend, der freche Jude aber blind; der Jude war verstockt, der Gaul aber, ein Bamberger, gläubig!

Kissingen

Die Bäder Kissingen, Brückenau, das Rhöngebirge, der Spessart und Aschaffenburg

Nach den fränkischen Bädern Brückenau und Kissingen, Bocklet und Wipfeld, in und an dem Rhöngebirge meist von Würzburgern besucht, hat man von Würzburg 12–15 Stunden. Der untere Mainkreis Bayerns bietet eine Gruppe von Bädern und Salinen wie Böhmen in seinen Gebirgen, Württemberg und Baden in seinem Schwarzwalde, Nassau im Taunus und Niederdeutschland im Wesergebirge.

Das Bad Kissingen hat eben nicht viel Ausgezeichnetes, und doch wird es stark besucht, selbst Berlinerinnen traf ich hier. Das Auffallendste ist der Name des ersten und des dritten Badebrunnens: Pandur und Ragotzy! Außer dem Kurplatz geht man nach der Ruine Botenlauben oder nach Volkersberg mit einem Kloster auf der Spitze, wo einige Franziskaner absterben; entferntere Partien sind nach dem fürstlichen Lustschloß Werneck, nach Schweinfurt (6 Stunden) oder nach Wipfeld am Main, dessen wirksames Schwefelbad erst seit 1812 gebraucht wird. Hier erblickte Eulogius Schneider das Licht der Welt, der soviel Sulphurisches hatte und zuletzt soviel Teuflisches tat, daß er unter der Guillotine rief: *»Mea culpa, mea maxima culpa!«*

Das Mineralwasser zu Kissingen, wo auch eine kleine Saline ist, dürfte sich vielleicht neben Selters stellen, wenn gleiche Sorgfalt darauf verwendet würde, und zu Wipfeld wird jetzt wohl wieder der Louisenberg das »rote Kreuz« heißen, wie zuvor. Bocklet, zwei Stunden von Kissingen gegen Münnerstadt hin, ist auch erst durch den Prediger Schöppner 1720 entdeckt worden, der billig neben dem Fürstbischof in der Inschrift genannt sein sollte – aber damals wäre dies in Deutschland zu kühn gewesen! Auf einem anderen Denkmal halten zwei über der Schwefelquelle sitzende Genien ein Buch – vielleicht steht hier Schöppners Name? Nein, aber die Worte stehen da: »Wir schreiben für die Nachwelt«. Was denn? Um Vergebung! Ich höre, diese Dinge sind seit dem neuen Brunnenbau fortgeschafft worden – auch gut. Nach der Meinung des Brunnenarztes könnte Bocklet das südliche Pyrmont sein. *Rana amat Ranam et Ranam putat esse Dianam.* Wenn denn doch verglichen werden soll, so verdient Brückenau den Namen »Klein-Pyrmont« – *omne simile claudicat* –, aber ungezwungener geht es hier zu als in Groß-Pyrmont!

Brückenau ist unstreitig das erste unter den fränkischen Bädern, unfern des Städtchens gleichen Namens, fünf Stunden von Kissingen und ebenso weit von Fulda, in einem schönen Wiesentale, umkränzt von herrlichen Buchen- und Eichenwäldern, am Flüßchen Sinn, mit drei Mineralquellen alkalisch-salinischen Stahlwassers, wohlschmeckend und stark. Seit der Kronprinz Bayerns (jetzt König Ludwig) Brückenau alljährlich besuchte, ist viel für das Bad geschehen, und es ist sein Verdienst, daß hier ein wahres und wohlfeiles Familienleben herrscht, wo der Norden viel lernen könnte. Mit Recht heißt der schöne, mit Eichen umgebene freie Platz »Ludwigsplatz«, wie ein anderer, von Buchen beschatteter »Bibraplatz«. Die »schöne Aussicht« am Birnbaum entspricht ihrem Namen, und die »schöne Eiche« ist vielleicht ein Zeitgenosse Karls des Großen. Die ganze Berggegend ist ein Naturpark, und überall, wo Fernsichten sind, Ruheplätzchen; allenthalben sagen uns die schönsten Buchen, daß wir in *Buchonia* wandeln, die Sankt Bonifatius' Mönche entwilderten und selbst vielleicht die guten Forellen in die Sinn setzten. Brückenau verdient, noch näher gekannt zu sein, und die Welt ist so sehr mit sich selbst beschäftigt, daß sie die guten Eigenschaften anderer nicht sieht, wenn sie nicht darauf aufmerksam gemacht wird!

Schon Fürst-Abt Heinrich von Bibra, einer der besten geist-

Ruine Botenlauben bei Kissingen

lichen Fürsten, tat viel für Brückenau, und Weickardt, dessen
würdiger Nachfolger Dr. Zwierlin war (nun auch in der Ewigkeit), begann hier seine Laufbahn und endete sie auch hier 1803.
Beide, Herr und Diener, verdienten ein Denkmal. Weickardt war
einer meiner Freunde und briefwechselte lange mit mir, da er wie
viele Ärzte und Apotheker gerne kannegießerte. Ohne seinen bedeutenden Buckel wäre er Mönch oder Soldat geworden, alles
schob er auf seinen Buckel, seine medizinischen Studien wie sein
Mißgeschick, seine Heftigkeit und alle seine Katzbalgereien. Ob
wohl Minos das Ding auch *so* genommen hat? Doch es gibt unendlich schlimmere Auswüchse unter den Menschlein, mit einem physischen Buckel kann man sich weit leichter aussöhnen
als mit einem moralischen, und einer meiner Freunde hat schon
oft, wenn sein gutes und reiches Weibchen am Klavier singt, hinter ihrem Stuhle Tränen der Rührung und des Entzückens fallen
lassen – auf ihren Buckel!

Das nahe Hammelburg an der fränkischen Saale verdankt seine Genanntheit in unsern Tagen den »Hammbelburger Reisen«.
Eine halbe Stunde davon ist Saaleck, dessen Genüsse doch viele
jenen Reisen noch vorziehen möchten, und sie sind auch geisti-
ger Natur. Hier wächst der treffliche Saalecker, den viele dem
Stein-Wein gleichstellen. Die alte Burg Saalek soll einst von
Amalia, einer Schwester Karls des Großen, bewohnt worden
sein und aus Amalienburg Hammelburg geworden sein, was ich
mir um so eher gefallen lasse, da ich das Hammelburger Pillau
eben nicht besonders saftig gefunden und von geschickten
Hammlern, d. h. Verschneider der Schafböcke, wodurch diese
Schöpse werden, nicht vernommen habe. Der treffliche Saalek-
ker mag darum in Deutschland so unbekannt geblieben sein,
weil ihn Hof und Domherren zu Fulda wegtranken, denn dieser
Saft und der edle Johannisberger machten eigentlich den Reiz
und Geist dieses geistlichen Hofes – *olim meminisse juvat!*

Welcher Badegast Brückenaus, wenn er nur halb Natufreund

ist und erträgliche Füße hat, wäre nicht nach dem nahen Rhöngebirge oder doch wenigstens nach dem Kreuzberge (vier Stunden) gekommen? Man hat die Rhön die fränkische Schweiz und auch Frankens Sibirien genannt. Sie ist beides nicht, aber man gehe hin mit Jägers Briefen in der Tasche, und man wird belohnt in sein Bad zurückkehren. Dieses Gebirge zieht sich 16 Stunden nördlich gegen Sachsen hin, und sein Name kommt wohl eher von »rauh« als von »Rain« (Anhöhe). Man beginnt mit dem höchsten Punkt, dem Kreuzberg, von dem man das ganze untere Franken bis weit über Mergentheim hinaus vor sich sieht wie auf einer Karte. Der Berg scheint weit höher, als er ist, hat höchstens 2600 Fuß, folglich ist er niederer als Schneekoppe, Ochsenkopf und Brocken, was aber Patrioten der Rhön nicht zugeben, die vermutlich nichts vom Himalaja mit 24 821 Fuß und auch nichts von den Kordilleren gehört haben. Wie würde Humboldt, der auf Höhen von 18 000 Fuß stand, lachen über diese Bergbesteiger und ihre Höhenmessungen!

Wir sind zufrieden mit der Höhe unseres Kreuzberges, wohin schon der heilige Kilian gedrungen sein soll, zu dessen Andenken das Kreuz errichtet ist. Viele Wallfahrten geschehen hierher. Die seraphischen Söhne des heiligen Franz bedienen die Andächtigen mit Leibes- und Seelenspeise, und wenn die rauhe Jahreszeit eintritt, so wandern die ehrwürdigen Väter ins Winterquartier nach Bischofsheim, das am Fuße des Berges liegt, wo auch wir unser Nachtquartier aufschlagen und mit allem zufrieden sind, da wir wissen, daß in der nahen Ruine Osterburg Fürstbischof Heinrich geboren wurde, der selbst als Fürstbischof von Würzburg sein einfaches Rhönleben fortsetzte, daher ihn die Höflinge nur »den Käse und Brot« nannten. Ganz Bischofsheim samt der Nachbarschaft zieht am Sonntag nach Mariä Geburt in Prozession nach dem Kreuzberg zum Andenken einer gefährlichen Ruhr; daher Profane sich nicht entblöden, diese Handlung der Andacht die Sch . . . prozession zu nennen.

Die Gebirge der Rhön sind wild, haben aber treffliche Wiesen in den Tälern, reiche Haferfelder, herrliche Waldungen, Basalte, verwitterte Laven und Kies wie am Rhein, und solche malerischen Felsenpartien, daß ein Bergschotte glauben könnte, in *Caledonia* zu sein, wenn die hiesigen Hirten Dudelsäcke und Ossian hätten und keine Hosen. Jene Basalte, Lava und Traß deuten auf Vulkane, was auch die Neptunisten einwenden mögen. Ihr Streit ist indessen weniger erheblich als der zwischen Naturphilosophen und Orthodoxen, welche sich streng an Moses halten, während jene aus der Lava allein beweisen, daß die Dame Erde sich um viele Jahrtausende jünger lügt. Den ganzen gelehrten Streit könnte nur der schlichten, der bei der Schöpfung zugegen war!

Von Bischofsheim kommt man nach dem Sinngrund, durch welchen 1796 die Franzosen zum Teil retirierten und von den Rhönbauern gar übel bedient wurden. »Drei Stich, neun Loch!« riefen sie, denn die Bauern bedienten sich der Mistgabeln. Der Sinngrund führt über die schwarzen Berge und den Auersberg nach dem Dörfchen Rotemain, dessen Einwohner ihr Sauerkraut in ganzen Häuptern in ausgehauenen und in die Erde versenkten Sandsteinen aufzubewahren pflegen. Ist eine solche Grube geöffnet, so muß der Vorrat auch verzehrt werden, wenn er nicht verderben soll, und daher geht die Hausfrau bei den Nachbarinnen herum und meldet, daß ihr Loch aufgehe – die Nachbarn kommen, essen das Kraut aus der Nachbarin Loche, jeder geht das Loch auf, und so geht es fort und reihum, bis alle Löcher leer sind. Auf dem Auersberge bildet sich nicht selten ein kleiner blauer Dunst, der sich plötzlich mit einem donnerähnlichen Knall entzündet und in einem Augenblick Wind und Platzregen über das ganze Tal verbreitet. Daher sagen die Landleute: »Ist der Dunst wie ein Butterfaß, macht er dem Bauern den Buckel naß.«

Das nahe Dammersfeld ist nach dem Kreuzberge der höchste

Berg, folglich die Aussicht gleich erhaben bis nach Hessen hinein und in die Wetterau herab. Jäger setzt die Höhe auf 3640 Fuß, wer aber andere Gebirge kennt, sieht schon ohne Messung, daß die Höhe wenigstens um 1000 Fuß geringer sein muß. Das ganze Dammerfeld ist außer Haferäckern durchaus Wiesen, die teils geheut, teils vom Vieh bloß abgeweidet werden. Sonst war hier auch eine fürstliche Schweizerei, die nicht mehr ist, aber die Schwedenschanzen sieht man noch, die sie 1634 nach der großen Niederlage bei Nördlingen aufwarfen. Jetzt ist eine Glashütte hier, die nach Gersfeld gehört, einem der Familie Weyers zustehenden großen Dorfe an der Fulda mit einer recht elenden Herberge zur Schere, die jedoch die Güte hatte, daß sie nicht allzu scharf war.

Die freiherrliche Familie Weyers stammt von den berüchtigten Raubrittern von Ebersberg ab, deren Burgruine eine Stunde von Gersfeld liegt. Der Abt von Fulda ließ einem dieser Räuber den Kopf abschlagen, und nun geriet die ganze Fuldische Ritterschaft in Harnisch, vereinte sich, und der gute Abt blutete am Altare 1271. Aber seine Nachfolger waren glücklicher, schleiften nicht nur Ebersberg, sondern brachten es auch dahin, daß zwei Brüder von Ebersberg auf Befehl des Kaisers 1274 zu Frankfurt gerädert wurden, und der dritte Bruder, Giso, änderte seinen Namen um in den von Weyers. Diese Weyers taten viel für die Reformation in ihrer Gegend, was auch der Abt zu Fulda sagen mochte, und Gersfeld ist noch heute protestantisch, wenngleich die adligen Besitzer katholisch sind. Um Gersfeld sind die beträchtlichen Höhen der Pferdekopf und die Wasserkuppe, wo die Fulda entspringt, und hier beginnen auch die ungeheuren Sümpfe, mit rötlichem Moos bedeckt, oder das rote Moor. Überall findet sich die Sumpfheidebeere mit schwarzer und roter Frucht, die hier nur zum Essig dient, in Schweden aber besser benutzt und mit Zucker eingemacht wird.

In schwülen Sommernächten hüpfen auf diesen Mooren Irrlichter in Menge, die der gemeine Mann anderwärts »feurige Männer« nennt, hier aber »Moorjungfern« und Geister der mit dem Dorf Poppenrode im Moor untergesunkenen Mädchen. Es gibt in diesen Gebirgen noch kleinere Moore, z. B. das schwarze und braune Moor, wo gleichfalls Ortschaften versunken sein sollen, und aus diesen Mooren kommt auch die Ulster, die bei Vach in die Werra fällt. Alle Gebirgsbewohner sind abergläubisch, und so fehlt es nicht an einer Teufelswand und Teufelsstein, an Teufelskirchen und Teufelsmühlen (meist Basalatsäulen, von den Alten wohl selbst zusammengetragen, um Wiesenland zu gewinnen), und nirgendwo fehlt es an – Teufelswegen! Die Rhönbewohner glauben nicht nur an Geister, an Teufel, Hexen und Hexenmeister, sondern auch an Nichtgeister und Nichthexenmeister: an Quacksalber, Wunderdoktoren und Urinbeschauer. Sie wallfahrten zwar nicht mehr so stark nach Vierzehnheiligen, aber doch nach dem nahen Kreuzberge; von den drei Wohnungen in jener Welt haben sie natürlich keine anderen Begriffe als die ihnen ihre Großmütter und die Mönche beigebracht haben, denn ich glaube nicht, daß Dante je in der Rhön genannt worden ist, der in meinen Augen die vernünftigsten Ansichten von Himmel, Hölle und Fegfeuer hat.

Wenn sie eine auswärtige Kuh kaufen, so drehen sie solche an der Grenze dreimal um, damit sie die Heimat vergesse. Geweihte Dinge haben noch hohe Wirkungskraft, und dem Vieh, das nicht fressen will, dreht der Rhöner dreimal im Maul herum – was? den Kirchenschlüssel!

Von Wüstensachsen gelangt man über neue Höhen, an der Burgruine Tannfels vorüber, nach der dritten bedeutenden Höhe der Rhön, wo die Milsenburg stand, eine der berüchtigsten Raubburgen, mit deren Ruinen die dasige Kirche zum heiligen Gangolf erbaut wurde. Die Leute nennen diesen Berg seiner Form wegen die »Totenlade«. Über dem malerisch an der Ulster liegenden Flecken Hilders liegt die Burgruine Auersberg. Ob der

Name von Auerochsen herkommt? Er könnte ebensowohl auch von Auerhähnen rühren, die sich hier aufhalten. Ob in der Hütte, wo Jäger einen Eierkuchen verzehrte, noch der elegante Wirt lebt, weiß ich nicht. Er holte zwei hölzerne Teller, spuckte darauf, wusch sie dann mit einem schmierigen Lumpen sauber, und so auch Gabel und Messer, und dann kam der Eicherkuchen, mit dem vielleicht in der Küche noch schlimmer verfahren ward – wohl bekomm's Ihnen!

Noch weiter nördlich liegt das artige Städtchen Tann von 2000 Seelen, worunter viel Juden, am Fuße des Engelbergs. Es ist der Stammsitz der uralten Familie dieses Namens, wenngleich keine Spur mehr von der alten Burg Tann gefunden wird. Dafür steht jetzt ein gelbes, blaues und rotes Schloß, d. h. Haus, hier (wie zu Jagsthausen das rote, weiße und graue oder innere Schloß, wo aber die Götzenburg noch recht sichtlich ist). Die Tanner tummelten fleißig auf Turnieren, und doch gehörten sie mit zu den gefürchtetsten Raubrittern – o Turnier-Gesetze! Die Äbte von Fulda, die rühmlichst hinter ihnen her waren, brachten sie jedoch endlich zu einem Vergleich. Die Edlen versprachen, Kaufleute und Wallfahrer nach Fulda zu geleiten, und wenn dennoch neuere Klagen kamen, so machten sie vieles wieder gut, daß sie in ihrer Gegend wahre Stützen der Reformation wurden, wenngleich Religion nur Vorwand und Lossagung vom Fuldischen Landsassiate im Hintergrunde gelegen zu haben scheint.

Der hohe Bayersberg liegt an der Grenze Thüringens, und zwischen Meiningen und Römhild die Stammburg der Bibra, die Franken manchem tüchtigen Mann gegeben haben. Die Burg ist Ruine, aber die Kirche zu Bibra bewahrt noch mehrere Denkmäler der Familie, und darunter scheint nachstehende Inschrift wegen ihres Lateins bemerkenswert: A.D. 1494 Ant. de Bibra pernoctavit una cum CX Equestribus, et mane sequenti obsedit castellum Meynbernheim, et capta sunt omnes cives cum adjutorio multorum Nobilistarum et peditum de Hutten et Thungen.

266

Das interessante Rhöngebirge scheint an Mineralien arm zu sein; wenigstens sind alle Versuche, Erz zu gewinnen, unglücklich ausgefallen. *Argentum et aurum propitii an irati Dei negaverint dubito.* Der Winter herrscht hier acht Monate in voller Kraft, Wind und Nebel machen den Wanderer leicht des Wegs verfehlen, daher Fürst Franz Ludwig an die Fußpfade alle dreißig Schritte hohe Pflöcke setzen ließ; allein, wenn Nebel diese Wegweiser verdecken, so verunglückt doch noch mancher in der Todesstille dieser Gegenden. An Obstbau ist nicht zu denken, und selbst das Heu ist sauer. Im Sommer gibt es stattliche Donnerwetter; gut, daß die Blitze mehr aufwärts schlagen, und wenn sie auch einmal abwärts fahren, nicht viel zünden können! Sollte man glauben, daß in der alten Buchonia Klage über Holzmangel wäre? Und doch ist dem so, trotz der herrlichen Buchen, Ahorn und Eschen, so wie auch trotz des kalten Klimas sich hier giftige Nattern finden sollen. Der häßliche Molch liebt die Milch mehr, als den Weibern lieb ist, und über alle Viktualien machen sich die verdammten Bergmäuse.

Am besten gedeihen hier Hafer und Gerste, Kraut und Kartoffeln, und der Flachs ist ein sehr wichtiges Produkt der Rhön. In einigen Tälern kommt auch Getreide, Obst und Gemüse fort, ja um Bischofsheim soll es ehedem sogar Weinberge gegeben haben. Vom Überfluß jener Erzeugnisse kaufen sich die armen Rhöner ihren Bedarf an Korn und Weizen. Das Rindvieh ist unansehnlich, Schafe, Ziegen, Schweine und Gänse scheinen aber besser zu gedeihen. Die Kühe müssen gleich den Ochsen arbeiten, und da sie noch überdies nur saures und schlechtes Futter haben, so kann von keinem Schweizerkäse die Rede sein, sondern nur von Schafkäsen, die aber auch schmecken, wenn man zu Fuß wandert. Klagend überreichten Schweden Karl XII. ihr schlechtes Kommißbrot, er nahm es, aß und sprach: »Es läßt sich essen!«

Die Rhöner haben noch viel Altdeutsches, sind groß und stark mit gelbem Haar und blauen Augen. Ihre Kittel, meist grüner Farbe, verfertigen sie selbst, und mit einem solchen Kittel, langen leinenen Beinkleidern und Holzschuhen sind sie gekleidet. Der Weiber größte Zierde sind lange Zöpfe, schwarze Leibchen, schwarze oder grüne kurze Röcke, rote Strümpfe und blaue Schürzen. Bei der Verheiratung schneiden sie ihre Zöpfe ab, sie haben das ihrige getan, und suchen sie zu verwerten. Ihre Sprache ist sehr unverständlich. Sie trinken kein Wasser, sondern Born; Wasser sauft nur das liebe Vieh. Sie sprechen ei statt ich, sin statt sein, it statt ist, han statt haben, Moen, Maid, Mir statt Morgen, Magd, Maria. Sie haben viele veraltete Wörter, z. B. börnen statt brennen, langen statt herbeiholen, schabernaken für zum besten haben, Kütes für Kloß, Serges für Linnenkittel etc. Ihr Charakter ist Offenherzigkeit und Gutmütigkeit wie in allen einsamen Berggegenden. Ob das fränkische Sprichwort Grund hat: »Die Rhön liefert die meisten Soldaten, Pfaffen und Huren«, kann ich nicht entscheiden, aber soviel ist richtig, daß die Kommnächte richtig eingehalten werden, viele arme Rhönerinnen im geistlichen Würzburg dienten, arme Rhöner im reichen Würzburg Brot suchten – und bei dem Heumachen auf dem Gebirge braucht es keiner Bestellung!

Die Bevölkerung der Rhön kann höchstens zu 50 000 Seelen angenommen werden. Ungern verlassen sie ihre lieben Berge, und so dürftig sie auch leben, so stößt man doch auf keine Bettler wie im Riesengebirge und selbst in der werten Schweiz. Es ist schade, daß die Leute dem Branntwein so ergeben scheinen. Da der Ertrag ihrer Äcker gering ist, so spinnt Groß und Klein Wolle und Flachs – es gibt Barchent-, Rasch- und Linnenfabriken und Strumpfweber in Menge, andere liefern Teller, Löffel und Schuhe aus Ahorn- und Erlenholz, und eigene Industriezweige sind die Abrichtung der Singvögel und Fertigung der Peitschenstiele. Es gibt einige Eisenhämmer, Glashütten, Papiermühlen, eine bedeutende Krugbäckerei für die fränkischen Bäder, und zu Bischofsheim ist eine Manufaktur von Tüchern, die man spottweise »Bischofsheimer Scharlach« nennt.

Wir kehren aus der Rhön und den Bädern nach Würzburg zurück, um nach dem bayrischen Süd-Franken zu reisen. Die rauhe Rhön macht den Übergang nach Thüringen, die Fruchtbarkeit und Bevölkerung scheinen abzunehmen, sowie man sich Meiningen nähert. Es erscheinen Tannenwälder, dürre Heide und abscheuliche Wege. Die mächtige Grafschaft Henneberg mußte sich nach dem Aussterben des alten Grafengeschlechts 1583 in sieben Teile zerlegen lassen, um Sachsen und Hessen zu vergrößern, nachdem Würzburg und Fulda auch einige Stücke abgerissen hatte, wurde aber noch zu Franken gerechnet. Romantisch ist die Gegend um die löblichst unterhaltene alte Burg Henneberg, schon jenseits der bayrischen Grenze, und noch schöner der Eichenwald zwischen Berka und Eisenach, der Pforte Thüringens. Die kleine Fußreise in der Rhön steht erfreulich in meinem Gedächtnis, nicht so eine frühere traurige Reise im Wagen (1802) durch diese Gebirge vom Bade Liebenstein und Meiningen über Mellrichstadt, Neustadt, Münnerstadt, Kissingen, Brückenau, Schlüchtern und Salmünster nach – *N. N. Pereat!*

Die Entfernung Würzburgs von Aschaffenburg durch den Spessart ist 18 Stunden, und bei Lengfurt geht es über den Main, wo der Spessart (silva spissa) beginnt. Über Esselbach (ja nicht mit einem s, ob es gleich von Eseln herkommen mag, die die Lasten über den sogenannten Eselsrücken trugen) und Rohrbrunn gelangt man nach Aschaffenburg. Der Main umgürtet den Spessart in einem förmlichen Halbkreise von Gemünden bis Hanau, nordwestlich aber die Kinzig und nordöstlich die Sinn. Jenes Flüßchen fällt bei Hanau in den Main, dieses vereint sich mit Main und Saale bei Gemünden. Die größte Länge des Spessarts ist von Miltenberg bis Schlüchtern, und die ganze Oberfläche dieses Waldgebirges mag 32 Quadratmeilen mit 78 000 Seelen betragen. Im gemeinen Leben heißt nur das der Spessart, was zwischen Wertheim und Aschaffenburg liegt an der Landstraße; der Spessart aber schließt sich jenseits des Mains an den Odenwald und diesseits gegen Schlüchtern hin, wo er Hochspessart heißt, an die Rhön. Er gehört jetzt ganz zum bayrischen Untermainkreis mit Ausschluß des kleineren hessischen Teils, der zur Provinz Hanau gehört und in das Amt Bieber.

Die höchste Höhe des Spessarts ist zu Rohrbrunn mit 1800 Fuß, wo nur Hanf, Flachs und Kartoffeln gedeihen, daher Franken mit Brotfrucht nachhelfen muß. Desto fruchtbarer sind die Vorberge im Maintal. Der Hauptreichtum besteht in Eichen und Buchen, überhaupt in Holz, das den Main und Rhein hinab so willkommen ist. Holz muß im Spessart das Brot geben, denn der Ackerbau ist unbedeutend und selbst das Vieh mager und klein. Selbst die Erd-, Heidel- und Wacholderbeeren sind hier Nahrungszweige, Glasfabrikanten und Kohlenbrenner neben der Jagd bevölkerten einst diese Wälder, und zuletzt die Holzhauer. Noch sind mehrere bedeutende Glashütten, z. B. zu Kahl und Weibersbrunn, und Eisenhämmer; zu Bieber ist Bergbau, und Rothenfels fertigt Weinfässer. Die beträchtlichste Fabrik aber ist die Saline zu Orb. Von der Anhänglichkeit des Spessarters an seine Wälder und von seiner Jagdlust zeugen die grünen Kittel.

Bedeutend in und am Spessart waren einst die Besitzungen der Grafen von Rieneck, deren Stammburg noch in Ruinen zwischen Fichten zu sehen ist oberhalb des Fleckens Rieneck an der Sinn. Das Haus starb schon 1559 aus, und seine Güter kamen an Mainz, Würzburg, Hanau und Nostitz. Die Kapuzinerkirche zu Lohr enthält die Gräber und Monumente jener Grafen, und unfern von Lohr liegt auch Neustadt, eine der ältesten Abteien Frankens, die Löwenstein zur Entschädigung erhielt. In dem gewerbsamen Lohr blüht der Schiffsbau, die noch berühmtere Spiegelfabrik aber ist eingegangen. Man rühmte sonst die Wahrheit der Lohrer Werkzeuge der Selbstbeschauung vor französischen Spiegeln, aber gerade hier liegt vielleicht der Grund des

Der Dom zu Aschaffenburg

Verfalls einer Fabrik, die nicht schmeichelte. Nicht alle Freunde und Freundinnen des beschaulichen Lebens sind auch Freunde der Wahrheit!

Im Spessart muß es einst viel reißende Tiere gegeben haben, denn noch in später Zeit erhob Mainz von den Schäfereien eine Abgabe unter dem Namen »Wildhämmel« für den Schutz gegen Wölfe, wie das Geleitgeld von den Reisenden für den Schutz gegen Raubritter, die gleich den Wölfen schon längst vertilgt waren. Ist's ein Wunder, wenn der Bauer das kleinste Opfer fürchtet, weil leicht ein Recht daraus werden könnte und solche Rechte sich forterben bis ins tausendste Glied? Es gibt jetzt keine vierfüßigen und zweifüßigen Wölfe mehr, aber auch zum Jammer der Nimrode keine Spessarthirsche mehr von 24 Enden, wie wir sie in alten Jagdschlössern statt der Büsten, Gemälde und Kupferstiche sehen, und noch weniger Sauen, gleich jungen europäischen Elefanten – dafür aber auch keine Räuber mehr, die einst die Straße durch den Spessart so gefürchtet machten wie den Schwarzwald, und nicht mit Unrecht, denn Wilderer sind die wahre Pflanzschule der Räuber. Wo es kein Wild gibt, gibt es auch keine Wilderer!

Die Straße ist jetzt vollkommen sicher und gut. Indessen machte sich der Spessart 1796 auf eine andere Art gefürchtet, als nach den verlorenen Schlachten von Neumarkt und Würzburg die Franzmänner hier durchliefen und die Bauern aufstanden; sie nannten den Spessart *la petite Vendée*. Mancher furchtsame Krämer, der nach der Frankfurter Messe zieht, mag den Spessart noch heute fürchten und sich wie jener Nürnberger mit dem Stoßgebete stärken: »Mein Gott! Du hast mir aus Mutterleibe geholfen, du wirst mir auch durch den Spessart helfen.« Alle Hilfe, die man braucht, ist allenfalls ein guter Mund- und Magenvorrat, der schon an sich mutiger macht, und dann mag man sich von den alten Räubern erzählen lassen, die jetzt weit gefährlicher sein würden, da die Leute durch besseren Unterricht die Geschichte von dem frommen Schächer kennen, ja, einige sogar in der Lebensphilosophie solche Fortschritte gemacht haben, daß einer seinem jammernden Vorgänger auf der Leiter sagte: »Predigte ich dir nicht schon lange, daß wir eine Krankheit weiter haben denn andere Leute, die aber höchstens eine Viertelstunde dauert?«

Aschaffenburg liegt am Ende des Spessarts in einer der schönsten Gegenden Deutschlands auf einer sanften Anhöhe am Main und macht mit seinem Schloß, den vielen neuen Gebäuden, der schönen Brücke und der Pappelallee, die nach dem Schönbusch führt, einen recht heiteren Eindruck. Es war daher auch die Sommerresidenz der Kürfürsten von Mainz wie des Kronprinzen von Bayern. Das Flüßchen Aschaff, das hier in den Main fällt, gab der Stadt den Namen, die 7000 Seelen zählt, starken Holzhandel treibt und Sitz mehrerer königlicher Behörden ist. Sie hat eine Forstakademie, ein Gymnasium, ein Priesterseminar, und da wegen der Wohlfeilheit hier auch viele Pensionierte sind, so ist das gesellige Leben recht angenehm. Noch mehr Leben herrscht auf dem Main durch Holzhandel: Holländer Holz, Brennholz, Faß- und Daubenholz, Weingartenpfähle etc. Es werden hier Schiffe gebaut, man begegnet auch vielen Schiffen mit rotem Sandstein und Kohlen; am lebhaftesten ist der Fluß zur Zeit der Frankfurter Messen. Das Innere Aschaffenburgs hat natürlich nicht die Schöne, die der am Main gelegene Teil hat, wo auch das mit rotem Sandstein ins Viereck gebaute Schloß liegt, flankiert von vier Türmen, das Gustav Adolf so wohl gefiel und jedem gefällt, trotz des unmodernen Geschmacks. Sein Inneres zieren schöne Gemälde, die Erthal und Dalberg sammelten, vorzüglich aber die Korkkunstwerke auf der Bibliothek von Mays Meisterhand. Lange bildete May nur römische Ruinen, endlich verfiel er auf die natürliche Idee, auch deutsche Ruinen nachzubilden, und so entstand die herrliche Ruine Paulinzelle, der gotische Turm bei Erfurt, Mühlberg etc. Der Triumph seiner Kunst aber wäre die

Heidelberger Schloßruine geworden, hätte ihn der Tod nicht abgerufen. Sein Sohn, der den Binger Mäuseturm so schön nachgeformt hat, wird jene vollenden.

In der Stiftskirche finden sich mehrere Denkmäler der Kurfürsten, und das neueste, unvollendete ist das des Kurfürsten Erthal. Auf dem Gottesacker von Sankt Agatha schläft Heinse, dessen Andenken durch eine einfache Urne mit Eichenkranz der Kronpinz Bayerns zu ehren suchte, mit dem Geburts- und Sterbejahr des Ardinghello! Allerliebst sind die Anlagen um Schloß und Stadt, das schöne Tal genannt, noch schöner aber Schönbusch jenseits des Mains. Man kommt an einem steinernen Kreuz vorüber, vor dem ein Ritter kniet. Hier erschlug im 16. Jahrhundert ein treuloser Knappe seinen Ritter von Kerpen, und der damals noch vorhandene finstere Wald deckte das schwarze Verbrechen. Der Schönbusch ist vorzüglich reich an ausländischen Hölzern, und Natur und Kunst umarmen sich schwesterlich. An die alten bekannten Aschaffenburger (oder eigentlich Wiener) Konkordate mag ich kaum denken, und noch weniger an die neuen, die im 19. Jahrhundert geschlossen wurden, wohl aber an den hier 1799 sich sammelnden Mainzer Landsturm unter dem Generalissimus Minister von Albini. Man hat darüber gelacht – über was lacht der Unverstand nicht? –, aber er hatte sein Gutes. Hier ist die Grenze Bayerns, und der bayrische Rheinkreis, ob wir ihm gleich am nächsten sind, bleibt der Schilderung der Rheinländer vorbehalten. Ich gedenke nur noch des im Landgericht Alzenau liegenden schönen Landsitzes des Landgrafen von Hessen-Rothenburg, Wasserlos, und des Dörfchens Dettingen, wo 1743 eine Schlacht vorfiel zwischen den Kaiserlichen und Franzosen, wie 1759 zu Bergen näher an Frankfurt, wo Broglio den Herzog von Braunschweig schlug. Mein Vater ermangelte nicht, als er mich im zwölften Jahr nach Frankfurt führte, sich so umständlich darüber auszulassen, wie ein Mann von der Feder vermochte, zeigte mir, wo ein Prinz Isenburg, Anführer der Hessen, gefallen, als ob es einer der ersten Heroen gewesen und Prinzen schußfrei sein müßten, und zu Dettingen wußte er die Stelle, wo König Georg II. während des Treffens vor seiner Garde gestanden, unbeweglich mit gezogenem Degen, den rechten Fuß vorwärts wie Korporal Trimm! Die Franzosen holten sich den Spitznamen *Canards du Main,* und vor Noailles Wohnung hing ein Degen mit der Inschrift: *Tu ne tueras pas!* Wir lächeln jetzt zu solchen Schlachten, wir, die das Glück gehabt haben, Napoleons Schlachten zu erleben, die sich zu jenen verhalten wie ein Vierundzwanzigpfünder zu einer Schlüsselbüchse!

Burg Zwernitz

Verzeichnis der Orte, Klöster, Burgen und Ruinen

Verzeichnis der Bilder

285

Aus dem Werk von Karl Julius Weber, »Deutschland oder Briefe eines in Deutschland reisenden Deutschen«, sind weitere Teile in folgenden Bänden erschienen:

Reise durch das Königreich Württemberg

Der Band enthält die einleitenden Briefe über Deutschland allgemein sowie die Briefe von Webers Reisen durch Württemberg. Beigegeben sind 66 »Kleine Ebnersche Radierungen«. Vorwort von Franz Georg Brustgi, Erläuterungen zu den Illustrationen von Rudolf Henning. 272 Seiten, gebunden.

Reise durch das Großherzogtum Baden

In diesem Band sind alle Briefe vereinigt, die sich mit dem Großherzogtum Baden befassen. Zur Veranschaulichung dienen 70 Stiche aus dem Werk von Eugen Huhn, »Das Großherzogthum Baden in malerischen Originalansichten«. Vorwort von Franz Georg Brustgi, Erläuterungen zu den Illustrationen von Rudolf Henning. 272 Seiten, gebunden.

Reise durch Bayern

Hier findet man die einleitenden Ausführungen über das damalige Königreich Bayern, eine umfassende Beschreibung von München und seinen Kunstschätzen, Schilderungen der Reisen von Lindau nach Augsburg, in die bayrischen Alpen, nach Freising, Landshut und dem Ries und schließlich die Donaufahrt von Ulm über Regensburg nach Passau. Der Band ist ausgestattet mit 89 Stahlstichen aus dem Werk »Das Königreich Bayern in seinen alterthümlichen, geschichtlichen, artistischen und malerischen Schönheiten«. 288 Seiten, gebunden.

J. F. Steinkopf Verlag Stuttgart